punctum 022

*Für Adon*

## Neu-Delhi, 11. November 2011 – Tihar-Gefängnis

»Wenn du nach Tihar kommst, weißt du nicht, ob du dieses Loch je wieder verlassen oder hier verrotten wirst«, sagt Jacob. Er sei ein Gefangener des indischen Justizsystems, begraben unter Papierbergen, gefangen in einer bürokratischen Endlosschleife. »Und doch denke ich manchmal, vielleicht ist dieses Gefängnis der Weg zur Freiheit«, fährt er fort. Ich treffe Jacob auf dem Gefängnisrundgang, auf den mich Shamsher Singh, der Vorsteher von Gefängnis Nummer 4, mitgenommen hat. In dessen Anwesenheit, so schien es mir, wurde Jacob ein paar Zentimeter kleiner, dabei stand Singh einfach nur da, lachte ein tiefes, kehliges Lachen und zwirbelte an seinem Schnurrbart.

Die erste Station auf diesem Rundgang ist der Hochsicherheitstrakt. »Zuerst die bösen Buben«, sagt Shamsher Singh, zwinkert mir zu, bevor er mit der Faust gegen die Tür schlägt und mit Baritonstimme donnert: »Bruder, aufmachen, los!« Im Hochsicherheitstrakt gibt es keine Bäume und kein Grün, nur hohe Wände, nackten Beton und einen kaputten Fernseher. Singh begrüßt die Insassen wie alte Freunde.

»Meine Lieblinge« nennt er die Männer aus Kaschmir, Pakistan und Bangladesch. Sie hocken auf ihren Fersen und brummen ein »Namaste«. »Staatsfeinde, Flugzeugentführer, Terroristen«, raunt er, als die schwere Tür wieder ins Schloss fällt. Auf dem Weg zum nächsten Trakt begrüßt Singh einen Guru – das Haar lang, die Hände zum Gruß gefaltet –, der zwischen den Gefängnisbungalows wandelt wie auf Wolken. Der habe von seinem Ashram aus einen Prostitutionsring betrieben, sagt Singh. Ich denke: Echt jetzt? Wie klischiert ist das denn – der Gottesfürchtige, der sich als Zuhälter entpuppt. Bereits nach wenigen Minuten wirkt das Gefängnis auf mich wie ein Spiegel des indischen Lebens: schräg, explosiv, absurd, von einem großen Machtgefälle gezeichnet und in buntem Neben- und Durcheinander.

Im nächsten Trakt hat der Rotary Club an diesem Nachmittag ein Konzert für die Gefangenen organisiert. Ein paar Insassen führen in schrillen Kostümen einen Bollywoodtanz auf. Auszeichnungen werden vergeben für die besten Wärter, die folgsamsten Gefangenen. »Solche Feste zeigen, wie vorbildlich Tihar geführt wird, wie sehr wir uns um unsere Insassen kümmern«, flötet Gefängnissprecher Sunil Gupta, der sich von Gästen des Rotary Clubs abgewendet und sich nun zu uns gesellt hat, um uns ein Stück auf dem Rundgang zu begleiten. Er dreht sich leicht und spuckt einen langen, von Paan rot gefärbten Speichelstrahl auf den Boden. Dann schiebt er sich einen neuen Paan, eine Mischung aus geriebenen Betelnüssen, Tabak und Gewürzen, die in ein Blatt gerollt und mit gelöschtem Kalk bestrichen werden, in den Mund und beginnt zu kauen. Ich wende mich wieder Shamsher Singh zu, der die Tür zum nächsten Trakt aufgestoßen hat und mit ausladender Geste sagt: »Das ist der VIP-Trakt.« Er zeigt auf kleine Bungalows, in denen Männer fernsehen oder auf ihren Matten auf dem Boden dösen. Dieser Trakt ist großzügiger und sauberer, der Rasen im kleinen Park ist gepflegt, die Gefangenen haben Einzelzellen. Es ist der Vorzeigetrakt im Gefängnis Nummer 4. Genau hier befindet sich auch das Vipassana-Meditationszentrum in einem der Bungalows. Insassen wandeln schweigend im Garten auf und ab. Die Verurteilten ganz in Weiß gekleidet, die Untersuchungshäftlinge in ihren eigenen Kleidern. Sie absolvieren den zehntägigen Vipassana-Meditationskurs. »Wer Tihar verlässt, geht dank unserem großen Kursangebot als eine veränderte Person nach Hause. Die Gefangenen sind unsere Studenten und sie bessern sich hier«, setzt Gefängnissprecher Gupta seine Lobeshymne fort, als ob das Gefängnis eine private Heilanstalt sei und ich eine interessierte Klientin. Wie zum Beweis läutet nun die Glocke vor dem Bungalow und die schweigenden Gefängnisinsassen kehren, den Blick auf den Boden gerichtet, zurück auf ihre Kissen, um zu meditieren.

Hätte ich nicht selbst zu meditieren begonnen, hätte ich wahrscheinlich nie einen Fuß ins Tihar-Gefängnis gesetzt. Die Meditation war mein Versuch, dem konstanten Lärm in Neu-Delhi, dieser übervölkerten, stinkenden, heißen Stadt, zu entrinnen, auch dem inneren Lärm. Ich dachte, wenn ich mich an einem ruhigen Ort still hinsetze, werde auch mich Stille erfüllen. Deshalb meldete ich mich für einen zehntägigen Vipassana-Meditationskurs in McLeod Ganj an, nahe dem Zentrum des Dalai Lama. Zehn Stunden Meditation täglich. Zehn Tage im Schweigen. Weder Bücher noch Schreibzeug waren erlaubt. Wir Meditierenden sollten uns ganz auf uns konzentrieren, zuerst auf unseren Atem, dann auf unseren Körper, auf Schmerzen, Gefühle, Ängste, Verspannungen. Wir sollten sie wahrnehmen, aber nicht darauf reagieren, Gelassenheit üben. Kein Problem, dachte ich.

Doch sobald ich von äußerer Stille eingehüllt war, hörte ich den Lärm in mir wie ein schlecht dirigiertes Symphonieorchester toben. Befehle, Vorwürfe, Anklagen, Wünsche. Die Stimmen gaben keine Ruhe. *Monkey mind*, Gedanken wie flüssiges Quecksilber, grenz- und zeitüberschreitend und begleitet von einem Crescendo aus Emotionen: Wut, Angst, Glück,

Trauer und Freude. Sie schienen aus dem Nichts in mir hochzuschießen, nur um wenig später wieder abzuklingen. War das mein Leben? Ein Meer aus Wellen, die an- und abschwollen, nur um dann wieder in den großen Wassermassen zu verschwinden? Dann auf einmal, am vierten Tag: Stille. Sie wurde begleitet von einer Leichtigkeit und Euphorie, die meinen Körper von Tag zu Tag durchsichtiger und schmerzfreier machte. Was, wenn wir immer so leben könnten, dachte ich nun. Wäre das Freiheit? Würden wir so unseren inneren Gefängnissen, unseren Vorurteilen, Ideologien und Gedankenkonstrukten entfliehen? Kaum gedacht, begann das Knie erneut zu schmerzen, die Gedanken blieben an den Schmerzen hängen – sollte ich nun das Bein strecken oder nicht? Die Leichtigkeit war dahin. Alles begann von vorn. Selten merkte ich so deutlich, dass nicht äußere Mauern und Gitter unsere Gefängnisse sind, sondern unser eigenes Denken unsere Pfade zementiert und uns stärker einschränkt als jede Gefängnismauer. Ich merkte, nur wenn ich mich vertraut mache mit diesen eigens erschaffenen Gefängnissen, wenn ich ihre Wände und Gitter genau studiere, habe ich die Möglichkeit, ein Schlupfloch in die Freiheit zu finden.

Vipassana ist eine uralte Meditationstechnik und bedeutet so viel wie: die Dinge sehen, wie sie wirklich sind. Buddha brachte die Technik seinen Schülerinnen und Schülern bei und lehrte sie, sich selbst zu beobachten und kennenzulernen. Ziel ist es, das eigene Leiden, das durch unsere Verblendung entsteht, zu überwinden und frei zu werden. Maßgeblich dazu beigetragen, dass die Vipassana-Meditation heute weltweit gelehrt wird, hat S. N. Goenka. Der indische Geschäftsmann, 1924 in Burma geboren, hatte die buddhistische Vipassana-Meditation als Mittel gegen seine Migräne entdeckt und sie ab den Siebzigerjahren einem breiten Publikum zugänglich gemacht. Goenka starb 2013, doch die Meditation und Goenkas Vorträge sind bis heute auf der ganzen Welt in Vipassana-Zentren lebendig, wo sie als Meditationsanleitungen und Videobotschaften abgespielt werden. Wie gut es tat, jeden Abend meine Gedanken und meinen Fokus auf etwas ausrichten zu können, mich für einen Moment ablenken zu lassen! An einem solchen Vortragsabend erfuhr ich, dass Vipassana-Kurse auch im Tihar-Gefängnis in Neu-Delhi angeboten werden. Mein Interesse war sofort geweckt. Wenn ich von meiner Vergangenheit eingeholt und von meinen Emotionen überrumpelt wurde, während ich still saß, wie würde es dann Verbrechern, Kriminellen und unschuldigen Gefangenen ergehen, wenn sie mit sich und ihren Gedanken alleine wären, fragte ich mich. Diese Frage ließ mich nicht mehr los. Sie führte mich direkt ins Tihar-Gefängnis. Ich wollte eine Reportage über das

Thema schreiben. Noch ahnte ich nicht, dass mich die Begegnung mit einem Gefangenen in Tihar über Jahre begleiten und beschäftigen würde.

Tihar-Gefängnis, Neu-Delhi. Eines der größten Gefängnisse in Asien. Eigentlich ist es ein ganzer Gefängniskomplex, eine ummauerte Festung, die aus mehreren Untergefängnissen besteht. Die Anlage ist für 5200 Häftlinge konzipiert, doch sitzen hier mehr als dreimal so viele Gefangene ein. Drei Viertel aller Gefangenen warten noch auf ihr Urteil, viele schon seit Jahren. Sie stecken im bürokratischen indischen Rechtssystem fest. Im Gefängnis gibt es eine Bäckerei, eine Schneiderei, ein Malatelier, Sportveranstaltungen, Konzerte – und Meditationskurse. Und da stehen wir jetzt also im Vorzeigetrakt im Gefängnis Nummer 4, gleich neben den Bungalows des Vipassana-Meditationszentrums.

»Wollen Sie von den Gefangenen selbst hören, welche Wunder Meditation bewirkt«, fragt Gupta, der immer noch auf seinem Paan kaut. Ohne meine Antwort abzuwarten, lässt er einen Gefangenen holen. So treffe ich Jacob.

Jacob, 38 Jahre alt, wartet seit mehr als drei Jahren im Tihar-Gefängnis auf sein Urteil. Als Untersuchungshäftling trägt er Jeans, ein enganliegendes

T-Shirt mit aufgedrucktem Porträt von Bob Marley, unter dem sich seine Muskeln abzeichnen. Er trainiere jeden Tag, jedoch ohne Hanteln. Die seien im Gefängnis verboten, sagt er und lacht. Er lacht viel, ein warmes, einnehmendes Lachen, als ob sich damit die Dunkelheit vertreiben und ein Gefühl von Leichtigkeit herbeilachen ließe, selbst hier, im Gefängnis. Er ist charmant, spricht Englisch, Hindi und Malayalam, die Sprache des südlichen Gliedstaats Kerala. Für einen kurzen Moment vergesse ich, wo ich bin, dass ich einem Gefangenen gegenübersitze. Dann frage ich mich, was Jacob mit seinem Charme, den er mir gegenüber so offen ausspielt, bezweckt. Ist es die bloße Freude, an diesem Ort, an dem die einzigen Frauen die Nonnen sind, die sich um das Seelenheil der Gefangenen kümmern, wieder einmal eine weltliche Frau zu sehen? Oder ist es viel mehr sein Wissen darum, dass er an einem Ort wie Tihar nur überleben kann, wenn er jede Gelegenheit schnell erkennt? Doch was für eine Gelegenheit könnte ich für ihn sein? Jacob gehört nicht zu den Kleinkriminellen, Mördern und Dieben, wie viele der Insassen in Tihar. Auch nicht zu den korrupten Politikern, die hier unter Vorzugsbedingungen einsitzen. Er sei in Indien nicht einmal angeklagt, vielmehr forderten die USA seine Auslieferung, sagt er, und natürlich könne ich ihn interviewen. Wir setzen uns unter einen Baum, außer Hörweite der Aufpasser Gupta und

Singh. Was er meine, wenn er sage, vielleicht sei das Gefängnis der Weg zur Freiheit, frage ich Jacob, und er antwortet:

Seit ich hier bin, habe ich vier Vipassana-Kurse gemacht. Ich hab stunden- und tagelang gesessen. Weißt du, wie anstrengend das ist? Die Gedanken machen ständig ihr eigenes Ding, wie ungezogene Kinder. Ich dachte an längst Vergangenes, krallte mich daran fest, obwohl ich das gar nicht mehr verändern kann. Dann dachte ich an die Zukunft, auch wenn die weit weg ist. In meinem Kopf bin ich nach Dubai gereist, nach Schardscha, in den Iran, die Wüste Omans und natürlich in die USA. Ich war wütend auf all die Freunde, die mich betrogen und verleumdet haben, und traurig über all das, was ich verloren habe. Gedanklich reiste ich ziel- und orientierungslos durch mein vergangenes Leben. Nicht einmal eine Minute konnte ich im Hier und Jetzt bleiben. Da erst habe ich gemerkt, wie schwach ich bin.

Was hat das mit Schwäche zu tun, frage ich.

Ist es nicht ein Zeichen von Schwäche, wenn deine Gedanken dich im Griff haben und nicht du sie? So war das mein ganzes Leben lang. Ich war ein Getriebener, rannte unablässig, immer auf der Suche nach dem nächsten Geschäft, nach mehr Geld, mehr Anerkennung. Runde um Runde im Hamsterrad. Gefangen in einer Welt, in der jeder mehr als der andere verdienen, besser als der Nachbar sein will. Wahrscheinlich hätte ich so weitergemacht, bis ich tot umgefallen wäre. Erst als ich nirgends mehr hinrennen konnte, stillsitzen musste, wurde mir klar: Der einzige Ort, an dem wir wirklich sein können, ist der, an dem wir uns befinden. Der einzige Moment, den wir wirklich genießen können, ist der gerade gegenwärtige jener flüchtigen Sekunden, in die unser Leben unterteilt ist. Jedes Davor und Danach ist eine Illusion, ein Abweg von dem, was ist.

Und das hast du durch die Meditation verstanden?

Die Meditation hat meinen Blick geschärft. Ich sehe jetzt immer besser, was wirklich ist, nicht, was ich gern sehen würde. Das ist nicht immer schön, aber es ist ehrlicher. Ich erkenne die Fehler, die ich begangen habe, die falschen Freunde, die ich hatte. Für all das büße ich jetzt. Manchmal denke ich: Gott sei Dank bin ich hier gelandet. Wäre die Welt sonst nicht einfach an mir vorbeigezogen, und ich hätte am Ende gedacht: War ich wirklich da?

Wie hat sich dein Blick auf die Welt verändert?

Ich mache mir keine Sorgen mehr über die Vergangenheit oder die Zukunft. Die Vergangenheit ist vorbei und nicht mehr veränderbar. Wenn die Zeit kommt, beginne ich wieder von vorne. Es ist wie bei der Meditation: Driften deine Gedanken ins Irgendwo, dann holst du sie einfach zurück, konzentrierst dich wieder auf den Atem, beginnst von vorne. Immer wieder von vorne. Das ist das Leben: Ein stetiger Neuanfang.

Glaubst du, es ist einfacher, im Gefängnis zu meditieren, weil es hier sowieso nichts zu tun gibt und die äußeren und gesellschaftlichen Zwänge wegfallen?

Vielleicht, auch wenn im Gefängnis ganz ähnliche Regeln gelten wie außerhalb. Die Welt im Gefängnis ist einfach ein kleiner Ausschnitt der Welt draußen. Der wahre Test besteht darin, ob du dein Leben zu einer Meditation machen kannst, nicht nur die Momente, in denen du still auf einem Kissen sitzt. Das Gefängnis ist ein negativer Ort und ein gutes Übungsfeld dafür. Hier reden alle tagein, tagaus über ihren Fall, wie sie hier rauskommen und was ihre nächsten Verbrechen sein werden. Wenn du nicht aufpasst, saugen sie dich in ihre Geschichten wie in ein schwarzes Loch. Ich höre mir diese oft grausamen Geschichten an, aber ich lasse mich nicht mehr in ihre schwarzen Löcher ziehen. Wenn du in Tihar einsitzt, musst du überleben lernen. Du brauchst Freunde und musst dir die Feinde vom Leib halten, die Starken von den Schwachen, die Korrupten von den Ehrlichen unterscheiden können. Die meisten, die hier einsitzen, sind Kleinkriminelle, viele sind unschuldig.

Wie kannst du dir da so sicher sein?

Weil sie mir ihre Geschichten erzählen. Und wieso

sollten sie mich anlügen? Viele wurden von der Polizei als Sündenböcke missbraucht. In Indien ist die Polizei nicht dein Freund und Helfer, sie ist dein Feind. Als Louis Mountbatten, der letzte englische Vizekönig von Indien, 1948 unser Land verließ, war das nicht das Ende der Kolonialherrschaft, sondern einfach der Beginn einer neuen korrupten Elite, diesmal nicht weißer, sondern brauner Hautfarbe. Sie regieren immer noch nach den Regeln der Kolonialisten, sogar noch härter und ungerechter, weil sie die Selbstsicherheit der Engländer nicht geerbt haben, nur ihr System, in dem sie sich jetzt behaupten müssen. Wer sich seiner selbst nicht wirklich sicher ist, der muss die Selbstsicherheit spielen, und wer spielt, der übertreibt gern mal. Sie kommen aus der reichen indischen Oberschicht, erlernten ihr Handwerk an Universitäten in England oder in den USA und haben zwei Arten von Gesetz: eines für die Reichen und eines für die Habenichtse. Ihre Handlanger sind die Polizisten, deren Opfer sitzen in Tihar. Viele kommen zu mir und bitten mich um Hilfe.

Und wie kannst du ihnen helfen?

Ich schreibe für sie Gesuche ans Gericht, weil sie nicht schreiben können oder nicht wissen, wie man ans Gericht schreibt. Gestern war so einer bei mir. Er hatte 200 Kilogramm Knoblauch in Rajasthan abgeliefert und war dann zum Tempel gegangen, um zu beten. Als er aus dem Tempel trat, warteten ein paar Polizisten auf ihn. Sie nahmen ihn mit auf den Polizeiposten und drängten ihn, zu gestehen, dass er eine Rikscha gestohlen habe. Das hatte er aber nicht. Sieben Tage lang behielten sie ihn in einer Zelle, dann sagten sie: »Zahl uns zwei Lakh Rupien, und wir lassen dich gehen.« Das sind 4000 US-Dollar, woher sollte er so viel Geld nehmen? 50 000 Rupien könne er geben, sagte er, 1000 US-Dollar. Da fuhren sie ihn zu einer gestohlenen Rikscha und taten so, als würden sie ihn auf frischer Tat ertappen. Er wurde reingelegt und ist jetzt seit zwei Monaten in Tihar, und ich versuche dem Richter zu erklären, dass er unschuldig ist.

Wieso tust du das?

Weil das kein Einzelfall ist, es ist ungerecht! Ich würde sagen, etwa 30 Prozent der Insassen hier sind unschuldig. Sonu beispielsweise kommt regelmäßig in meine Zelle und bittet mich um Hilfe. Er wurde von der Polizei wegen Raubes angeklagt. Das ist lächerlich! Er ist behindert, weil er als Kind Polio hatte, wie soll er da einen Raub begangen haben? Das Gefängnis ist kein Ort für Behinderte. Wenn Sonu aufs Klo muss, kriecht er auf allen vieren durch die Scheiße der anderen. Nicht einmal einen Rollstuhl hat er bekommen. Ich habe ihm jetzt geholfen, einen Antrag auf einen Rollstuhl zu stellen. Schwester Suma habe ich gebeten, ob sie Sonu vor Gericht vertreten und seine Familie im Slum besuchen könne.

Wer ist Schwester Suma?

Eine katholische Nonne, die mit anderen Ordensschwestern außerhalb von Neu-Delhi ein Heim für behinderte Kinder führt. Sie und Schwester Salomi sind meine persönlichen Schutzengel. Schwester Salomi besucht uns Gefangene einmal in der Woche. Sie nimmt meine Post mit und überbringt meinen Eltern Nachrichten. Schwester Suma arbeitet als Anwältin für die NGO Human Rights Law Network. Die übernehmen kostenlos Menschenrechtsfälle von Angeklagten, die sich keinen Anwalt leisten können. Ich hatte in den letzten Jahren acht Anwälte, denen meine Eltern insgesamt 80 000 US-Dollar bezahlt haben. Alles für die Katz. Jetzt vertreten mich Schwester Suma und der blinde Anwalt Pankaj. Ich bin zwar kein Menschenrechtsfall, aber ich komme aus Kerala, wie die Schwester. Das verbindet.

Was für ein Team!

Nicht wahr? Eine Nonne und ein Blinder, die mich vor Gericht vertreten ... Besser könnte es gar nicht kommen.

Erzähl mir von hier.

Was willst du wissen?

Wie verbringst du deinen Tag?

Wir werden morgens um halb sechs geweckt und

gezählt. Danach können wir uns wieder hinlegen, wenn wir wollen. Ich stehe meist auf, mache 45 Minuten Yoga oder andere Übungen, dann esse ich mit Vikas Frühstück. Vikas ist mein bester Freund im Gefängnis. Er sitzt schon seit fast zehn Jahren wegen Mordes. Nach dem Frühstück lese oder male ich, oder ich schaue im Gemeinschaftsraum fern. Wenn es nicht zu heiß ist, mache ich Sport, aber das geht nur in den Wintermonaten, im Sommer hat es hier 45 Grad, da bewegst du dich nicht mehr als nötig. Im Winter haben wir auch Gefängniswettkämpfe: Basketball, Badminton, Cricket und auch Schach. Ich spiele am liebsten Basketball, obwohl der Platz schlecht ist und die Körbe wackeln. Joggen kann man hier nicht. Es gibt einfach zu wenig Platz dafür. Am Nachmittag gehe ich in die Kantine und schaue, ob es was Essbares gibt. Zum Glück bin ich mit Vikas befreundet. Er ist prominent, hat so einige Privilegien und teilt das Essen, das er von draußen reinschafft, mit mir. Um halb acht Uhr abends werden die Zellentüren geschlossen. Meist mache ich dann nochmal ein paar Körperübungen und schlafe früh.

Und dein Fall? Wieso bist du hier?

Das ist eine lange Geschichte. Dafür haben wir keine Zeit mehr. Schau, Singh und Gupta warten dort schon am Tor auf dich. Wenn du willst, erzähle ich dir meine Geschichte ein anderes Mal. Oder soll ich sie aufschreiben? Und soll ich dir aufschreiben, was hier im Gefängnis wirklich passiert, nicht nur das, was sie dir heute gezeigt haben? Ich kann dir Briefe schreiben und sie Schwester Suma oder Schwester Salomi geben. Du musst sie nur bei ihnen abholen. Du wirst sehen, nichts ist hier so, wie es scheint.

Also gut, sage ich, ich versuche zurückzukommen. Aber schreib mir! Schreib mir vom Gefängnisleben und schreib deine Geschichte auf. Ich muss los! Bis bald.

So endet unsere erste Begegnung.

Abends notiere ich: Der Gefängnisbesuch hat mich aufgewühlt. Hätte Jacob nicht viel eher das Zeug zum Chef als der Paan kauende Gefängnissprecher oder der Gefängnisvorsteher, der seine Überlegenheit so unverhohlen zur Schau stellt? Warum fällt es mir so leicht, mir Jacob als den smarten Gründer eines Techunternehmens vorzustellen? Und warum ist es so verstörend, ihn zwischen Terroristen und Flugzeugentführern zu sehen?

Ich lese, was ich geschrieben habe, fahre fort, nächster Gedanke: Habe ich mich vielleicht von seinem Charme und unserer gemeinsamen Sprache blenden lassen? Ist er wirklich bloß ein Opfer dieses bürokratischen Justizsystems, wie er sagt?

Nach dieser ersten Begegnung bin ich gespannt auf seine Briefe, gespannt, mehr von seinem Leben zu erfahren und in Erfahrung zu bringen. Noch sind Jacob und das Tihar-Gefängnis bloß ein journalistisches Projekt. Ich will Zeit dafür aufwenden, will alle Ecken genau ausleuchten, Quellen überprüfen, unterschiedliche Personen zu denselben Themen befragen, aber alles mit dem nötigen Abstand, der viel gelobten journalistischen Distanz – mein privates Leben soll davon nicht tangiert werden. Wie so oft zu Beginn sind es Fragen, die meine journalistische Neugier wecken – und ein Bauchgefühl, das mir sagt, dass da mehr ist, anderes, Verborgenes, Dinge, die mir Gupta und Singh nicht zeigen wollten. Und so beginne ich zu recherchieren und frage mich zuerst: Wer kam überhaupt auf die Idee, Meditation ins Gefängnis zu bringen?

## Neu-Delhi, 20. November 2011 – Die Kämpferin gegen Korruption

Die Frau, die die Vipassana-Mediation vor zwei Jahrzehnten im Tihar-Gefängnis einführte, heißt Kiran Bedi. Ich habe von ihr als zäher Kämpferin gehört, die früher professionell Tennis gespielt hat. Heute bin ich zu ihr gefahren. Das habe ich vorab über sie in Erfahrung gebracht: Bedi arbeitete 35 Jahre lang für die Polizei und wurde 1993 Direktorin des Tihar-Gefängnisses, das sie daraufhin von Grund auf zu reformieren begann. Doch ihr Eifer und ihr Wille, die korrupten Institutionen aufzuräumen, erzeugten Gegenwehr. Viele ihrer männlichen Kollegen verachteten und verhöhnten sie. Bedi weckte ihren Neid und war ihnen ein Dorn im Auge. Deshalb wohl wurde sie bereits nach zwei Jahren von ihrem Chefposten im Tihar-Gefängnis entfernt. Nur im Ausland bekam sie die Achtung, die ihr im eigenen Land versagt blieb. Für ihre Arbeit im Gefängnis wurde Bedi 1994 mit dem Ramon-Magsaysay-Preis ausgezeichnet, dem »asiatischen Friedensnobelpreis«. Zum Zeitpunkt unseres Treffens ist Kiran Bedi 62 Jahre alt und pensioniert, engagiert sich aber weiterhin mit ihrer NGO und auch politisch. Sie gilt immer noch als eine der bekanntesten Kämpferinnen gegen die grassierende Korruption im Land und in der Regierung.

Wie klein sie ist für eine Frau, die so Großes geleistet hat, denke ich, als ich in ihr Büro trete. Federnden Schrittes kommt sie auf mich zu und drückt mir die Hand – auf diesen Händedruck muss man gefasst sein! Was hat sie damals bewogen, Meditation ins Gefängnis zu bringen? »Das Gefängnis war eine Art perverses Krankenhaus. Normalerweise kommen die Kranken in ein Krankenhaus und verlassen es geheilt. Aber im Tihar-Gefängnis sind die Kranken noch kränker geworden. Dabei hätten die Insassen Heilung und Reinigung der Gedanken nötig gehabt. Aber sie erlebten kriminelle Gangs als Struktur sowie Mörder und Räuber als Freunde. Wenn sie schließlich rauskamen, waren sie noch verstrickter in kriminelle Netzwerke«, erzählt Bedi. Polizeiarbeit bedeute für sie, nicht nur Leute zu bestrafen und zu verhaften, sondern Verbrechen vorzubeugen, mit Voraussicht zu handeln. Deshalb habe sie Meditations-, Religions- und Malkurse, auch Kurse in Yoga und Gewaltfreier Kommunikation im Gefängnis eingeführt. Das habe die Gefangenen und das Leben hinter Gittern verändert, glaubt Bedi. »Nur wer Wut- oder Rachegefühle in sich trägt, nur wer gierig ist, wird kriminell. Wer aber diese Gefühle und deren Ursprung versteht, will nicht an ihnen festhalten. Er kommt mit sich in Frieden, und wer in Frieden ist, kann kein Verbrechen mehr begehen. Das ist Prävention, und deshalb braucht es Meditation im Gefängnis.«

»Das klingt idealistisch«, werfe ich ein. Das Leben hier ist für viele ein Überlebenskampf. Nur zu gut kann ich verstehen, dass da einer kriminell wird, doch Bedi verweist auf die Gefängnisstatistik. Nur ein Prozent der Insassen mit Meditationserfahrung kehrte nach der Entlassung ins Gefängnis zurück, im Vergleich zu 23 Prozent der anderen Insassen. Doch bedauernd stellt Kiran Bedi fest: »Vieles hat sich seit meinem Abgang verändert.« Reformen seien rückgängig gemacht worden, Kurse dienten als Tarnung der maroden Verhältnisse und seien eine Show für die Besucher, um zu verschleiern, was wirklich im Gefängnis passiere. »Das Tihar-Gefängnis ist längst wieder zu einer Universität für Kriminelle verkommen, in Tihar können die Gefangenen ihr Verbrecherdiplom wieder wie früher machen«, sagt Bedi. Ich gehe ernüchtert und frage mich: Und was ist mit Jacob? Zählt seine Meditationserfahrung nicht?

## Tihar, 13. November 2011 – Brief von Jacob

Liebe Karin,

das ist mein erster Brief an dich und ich weiß gar nicht, ob ich das noch kann: Briefe schreiben. Wo beginnen?

Bevor ich nach Tihar kam, wusste ich nicht, wie man mordet, stiehlt oder Häuser ausraubt. Nun weiß ich es. Ich habe so viele Geschichten von Mord, Totschlag, Überfällen oder Internetkriminalität gehört. Nur wenigen hilft dieser Ort, ein besserer Mensch zu werden. Den meisten hilft er, ein schlechterer Mensch mit einem besseren Netzwerk zu werden. Die Vipassana-Meditation – und wegen der haben wir uns ja kennengelernt – hilft dir, eine Entscheidung zu treffen, zu welcher Welt du gehören willst. Ich habe mich längst entschieden und werde wohl mit keinem Einzigen hier Kontakt halten, sobald ich wieder frei bin. Die Gefängnisleitung ist mächtig stolz auf die Meditationskurse, aber ehrlich: Die meisten hier drin meditieren keine Minute in ihrer ganzen Haftzeit. Sie sagen: »Ich bin ja schon im Gefängnis, warum sollte ich mich jetzt noch in ein Gefängnis im Gefängnis einsperren lassen, in dem ich nicht sprechen darf und noch mehr Regeln befolgen muss?« Ich glaube, sie fürchten sich vor den emotionalen und gedanklichen Irrgärten, in die sie sich verirren würden, und vor der Wut, der Trauer und dem Schmerz, die sie nicht betäuben und vor denen sie nicht fliehen könnten, wenn sie stillsitzen müssten.

Viele hier in Tihar finden nie Frieden. Sie denken den ganzen Tag daran, wie sie noch bessere Diebe und Verbrecher werden könnten. Im Gefängnis gibt es eine klare Hierarchie: Ganz unten sind die Kinderschänder und Vergewaltiger, die von anderen Gefangenen regelmäßig verdroschen oder mit Rasierklingen verletzt werden. Dann kommen die Taschendiebe und armen Kleinkriminellen, die verspottet werden. Die Gefängniswärter lassen sie die Drecksarbeit verrichten: Kloputzen, verstopfte Leitungen säubern und so. Niemand hilft ihnen, denn wer will schon Freund eines armen Schluckers sein? Diese Kleinkriminellen haben nicht das Geld, um zuerst die Polizisten außerhalb des Gefängnisses und dann die Wärter im Gefängnis zu bestechen, damit sie in Ruhe gelassen werden. Ein reicher Verbrecher hingegen schiebt einem Polizisten ein paar Scheine hin, und der schiebt das Verbrechen einem armen Tropf in die Schuhe. Santosh, der hier mit mir einsitzt, hatte dieses Pech. Er fand keine Arbeit und hatte kein Geld für eine Hochzeit. Er machte Schulden, die er nicht zurückzahlen konnte. In seiner Verzweiflung wollte er sich umbringen und trank

Säure. Aber die hat nur seine Speiseröhre verätzt, gestorben ist er nicht. Das war vor wenigen Jahren. Seither kann er sich nur noch flüssig ernähren, durch einen Schlauch direkt in den Magen. Nach seinem Selbstmordversuch kam er nach Neu-Delhi und arbeitete und lebte in einem Altersheim. Doch das Heim brannte ab und einer kam im Feuer um. Santosh wurde der Brandstiftung beschuldigt, was er auch gestand. Mir sagte er jedoch, er habe das Feuer nicht gelegt. Er habe bloß alles zugegeben, weil er hoffte, dass im Gefängnis besser für ihn gesorgt werde als im Heim. Doch wie er sich geirrt hatte! Hier hilft dir niemand, wenn du dir die Hilfe nicht leisten kannst.

Wenn du im Gefängnis kein Geld hast, bist du am Arsch. Hier hat alles seinen Preis. Nur etwas kriegst du umsonst: neue Verbrecherfreunde. Wenn also einer als Taschendieb nach Tihar kommt, geht er als großer Gauner wieder raus. Ich habe das immer wieder gesehen, seit ich hier bin: Ein kleiner Fisch kommt rein, wird auf Kaution freigelassen, kurze Zeit später ist er wieder hier, weil er jemanden mit einem Messer bedroht und ausgeraubt hat. So geht das dann, rein, raus, rein, raus. Ein Gefangener sagte mir kurz vor seiner Entlassung: »Rührt meinen Schlafplatz nicht an, ich bin in fünf Tagen zurück!« Und tatsächlich, bereits nach drei Tagen war er wieder da. In den drei Jahren, in denen ich schon hier bin, habe ich Leute vier-, fünf-, sechsmal zurückkommen sehen. Jedes Mal werden ihre Verbrechen gravierender, jedes Mal lernen sie im Gefängnis etwas Neues dazu. So erklimmt einer die Karriereleiter, vom Taschendieb zum Autodieb zum bewaffneten Räuber, vom Entführer und Erpresser bis zum Mörder. Wer die oberste Sprosse in der Verbrecherhierarchie erklommen hat, den nennen die anderen Gefangenen »Bhai«, das heißt Bruder.

Im Gefängnis ist ein Bhai einer, der respektiert wird. Selbst in den Bollywoodfilmen nennen sie die großen Gauner Bhai. Ich weiß nicht, was zuerst war: Bollywood oder Tihar. Auch mein bester Freund hier, Vikas Yadav, ist ein Bhai. Er ist Sohn eines Politikers, verurteilt wegen Mordes und alle respektieren ihn. Vikas kommt aus einer reichen Familie und hat deshalb viele Privilegien. Er teilt jede Mahlzeit mit mir und ich habe ihm geholfen, seine Emotionen besser in den Griff zu bekommen. Er und ich, wir sind ein gutes Team. Ich habe ihn nie gefragt, was genau er getan hat und weshalb, und er hat es mir nie erzählt. Aber alle kennen seine Geschichte. Wenn man den vielen Zeitungsberichten glaubt, hat er 2002 Nitish Katara, den Sohn eines hohen Offiziers, ermordet. Nitish hatte eine Beziehung mit Vikas Schwester, aber die Familie akzeptierte ihn nicht. Eines Nachts fuhren Vikas, sein Cousin und Nitish auf eine Spritztour. Drei Tage später wurde Nitish tot neben der Autobahn gefunden, erschlagen mit einem Hammer und verbrannt. Ein sogenannter Ehrenmord. Vikas bekam lebenslänglich, 25 Jahre, und wurde im Tihar-Gefängnis eingesperrt. Anfangs wurde Vikas ständig auf Kaution freigelassen. Er ging auf Hochzeiten, Familienfeste und in Bars und verbrachte auch nach seiner Verurteilung mehr Zeit draußen als drinnen. Dem wurde irgendwann ein Riegel vorgeschoben, weil die Medien zu oft über seine Ausflüge berichteten. Mir ist egal, was Vikas getan hat oder nicht. Er ist mein Freund und Alliierter hier im Gefängnis. Wir sind füreinander da. Wir sind wahre Brüder.

Als Mörder bist du nicht automatisch ein Bhai. Ein Bhai übernimmt Verantwortung, kümmert sich um andere, wie auch Vikas das macht. Ein großer Gangster zu sein oder viel Geld zu haben reicht da nicht. Deshalb ist zum Beispiel Adam auch kein Bhai. Der Pole ist Auftragsmörder und wurde vor einiger Zeit hierher verlegt. Er soll nach Deutschland ausgeliefert werden, wo er einen Mafiaboss umgebracht haben soll. Immer liegen seine Nerven blank, mit allen sucht er Streit. Deshalb halten sich die meisten von ihm fern. Ich habe ihm anfangs geholfen, weil er Ausländer ist. Er hat sogar zwei Vipassana-Kurse mit mir gemacht, aber ich bezweifle, dass ihn die Meditation verändert hat, schließlich hat er sich nur für den Kurs angemeldet, um von den anderen Gefangenen wegzukommen. Während der Meditationen hat er mich ständig gestört und die Regeln gebrochen. Adam sagt jedem, der es hören will: »Ich bin ein Auftragsmörder, ein Scharfschütze, ein Killer. Ich liebe es, Araber umzubringen.« Mir erzählte er von der Fremdenlegion und seiner Zeit als Söldner im Irak und in anderen Kriegen. Auch nach Goa, wo er vor wenigen Wochen geschnappt wurde, war er gereist, weil er jemanden umlegen sollte. Ich weiß nicht, ob alles stimmt, was er sagt. Er mag vielleicht stolz auf seine Morde sein, aber mögen tut ihn deshalb niemand. Deshalb ist er auch kein Bhai. Nur mit den Nigerianern hat er sich angefreundet. Sie haben ihn jetzt zu einem Vorsitzenden in der Kirche gemacht. Die Nigerianer kontrollieren die Kirche und den Drogenhandel im Gefängnis. Ihren Chef, der auch die Kirche leitet, nennen wir Don.

Don ist genauso wenig ein Bhai wie Adam oder Suresh Kalmadi, der korrupte Politiker. Kalmadi saß im indischen Parlament und war der Chef der Commonwealth Games, der internationalen Sportspiele, die 2010 in Neu-Delhi stattfanden. Angeklagt wurde er wegen Korruption. Es heißt, er habe Millionen in seine Taschen abgezweigt. Jetzt hockt er mit einigen seiner korrupten Freunde hier im VIP-Trakt. Seine Betrügereien waren einfach zu offensichtlich, oder vielleicht war er auch einfach nur ein Bauernopfer: Einer wird bestraft, alle anderen sind fein raus. Kalmadi hat wie ich eine Einzelzelle und hat sich dort sogar ein westliches Klo installieren lassen. Die anderen Häftlinge stört es nicht, dass er öffentliche Gelder gestohlen hat. Aber alle sind sauer, weil Kalmadi ein elender Geizhals ist. Er teilt sein Spezialessen und seine Privilegien nur mit seinen Leuten, aber nichts mit uns anderen. Regelmäßig lässt er sich von einem jungen Häftling die Haare schneiden, doch bezahlen tut er ihn höchstens mit einem T-Shirt oder einer Banane. So einer ist kein Bhai, weil er nur für sich sorgt.

Mich nennen sie auch Bhai, nicht weil ich ein großer Verbrecher bin, denn das bin ich nicht, sondern weil ich vielen Leuten hier helfe und weil ich viele Sprachen spreche. Die anderen Häftlinge achten mich, weil sie denken, ich sei sehr klug und reich. Schließlich habe ich eine Einzelzelle und alle wissen, dass nicht jeder sich dieses Privileg leisten kann. Ich habe sogar einen Boy, einen Mitgefangenen, der mein Angestellter ist. Er putzt meine Zelle und besorgt die Wäsche. Ich zahle ihm umgerechnet fünf US-Dollar pro Woche. Meine Zelle ist wunderschön. Ich habe eine eigene Toilette und sogar Vorhänge, obwohl das nicht erlaubt ist. Ein Bett habe ich nicht. Jeder Häftling kriegt zwei Matten, auf denen er liegen kann. In unserem Trakt haben wir zwanzig Einzelzellen.

Hier haben wir viel bessere Lebensbedingungen als die 2000 anderen Insassen im Gefängnis Nummer 4. Die hausen in Baracken, in denen es Platz gibt für 40

Männer, aber sie pressen 60 bis 100 Gefangene rein. Bei denen stinkt es wie im Slum, und eine anständige Toilette gibt es dort auch nicht. Das ist richtig scheiße, wenn du dir eine Toilette mit Dutzenden anderen teilen musst, vor allem bei dem Fraß, den sie uns hier vorsetzen. Ich weiß, wovon ich spreche, weil ich am Anfang auch dort war, in Räumen, die Tag und Nacht hell erleuchtet sind und wo du die stinkenden Füße deines Nachbarn im Gesicht hast, weil die Gefangenen wie Sardinen nebeneinander liegen. Und nicht nur die Füße sind das Problem. Stell dir vor: Dutzende von Männern, Körper an Körper. Es ist heiß. Die Männer sind seit Monaten eingesperrt. Sie haben nichts zu tun. Sie sind wütend, roh, haben kein Geld, wissen nicht, wann sie wieder in Freiheit kommen, und in ihnen brennt die Lust, das Verlangen, aber es gibt keine Frauen, nicht einmal Pornos. Einmal versuchte ein Gefangener in seinem Arsch ein Mobiltelefon mit pornografischen Clips einzuschmuggeln, aber als er sich bei der Leibesvisitation niederknien musste, piepte der Metalldetektor und das Telefon fiel auf den Boden. Die Polizisten nahmen ihm das Gerät ab, schauten sich die Clips wohl selbst an und wir hatten was zu lachen. Du hast also drei Möglichkeiten: Erstens, du hilfst dir selbst, zweitens, du tötest jedes Gefühl, jede Lust in dir ab, oder drittens, du nimmst dir einen Mitgefangenen. Ich habe mich für Zweiteres entschieden. Frauen existieren nicht mehr in meiner Gedankenwelt, und komme ich hier jemals wieder raus, muss ich wahrscheinlich in Therapie, um wieder zu lernen, wie ich mit Frauen sprechen muss. Viele hier entscheiden sich anders.

Einmal wachte ich mitten in der Nacht auf und konnte nicht mehr einschlafen. An meinem Matratzenende war ein Loch in der Wand und ich schaute hindurch, und da sah ich einen Kopf. Er bewegte sich vor und zurück, vor und zurück, immer schneller. Ich schaute genauer hin, sah die Hand auf dem Kopf, sah den Mann, dem die Hand gehörte und der den Kopf gegen sich drückte. Ich drehte mich weg. Ein Blowjob kostet 50 Rupien, einen US-Dollar. Arme Häftlinge sind bereit, für die paar Kröten oder ein wenig Tabak einen Schwanz zu lutschen oder vergewaltigt zu werden. Sex zwischen Männern ist im Gefängnis verboten und in Indien gelten Schwule als Widerlinge. Wären die beiden erwischt worden, hätte die Gefängnisverwaltung sie hart bestraft. Wahrscheinlich wären die Männer mit drei, vier anderen Häftlingen tagelang in eine Zelle gesperrt worden. Bestrafungszelle, nennen wir diese Zelle. Dort kann alles passieren und niemand schaut hin. Vor ein paar Tagen hat dort einer einen anderen niedergestochen. Keiner wollte es später gewesen sein und eigentlich hat's auch niemanden interessiert.

Verstehst du jetzt, weshalb ich unbedingt eine Einzelzelle wollte?

Sie zu kriegen war ziemlich einfach, aber teuer. Zuerst habe ich es auf dem offiziellen Weg versucht und dem Richter ein schriftliches Gesuch geschickt. Ich sagte, ich könne nicht mit sechzig anderen Männern in einem Raum schlafen, der eigentlich für vierzig Leute gedacht ist. Ich hätte gerne eine Einzelzelle. Der Gefängnischef ließ mir über einen Wärter ausrichten, das koste 50 000 Rupien, 1000 US-Dollar. Meine Eltern schickten mir das Geld sofort. Ich gab es dem Vermittler, der steckte es ein und sagte: »Pack dein Zeug zusammen, du kommst in Zelle 4B.« Am nächsten Tag wurde ich in die Einzelzelle verlegt. Ich sage dir, ich hatte Glück. Inzwischen sind die Preise gestiegen. Der letzte, der hier einzog, zahlte schon das Doppelte.

Aber eigentlich wollte ich dir ja meine Geschichte erzählen, woher ich komme und wie ich überhaupt hier gelandet bin. Lass mich von vorne beginnen, damit du mich etwas kennen lernst.

Ich lege den Brief einen Moment lang weg. Mache mir ein Soda mit Limone, Zucker und Salz. Setze mich auf meine Terrasse und kraule meinem Hund Raja den Kopf. Dann stelle ich mir die Männer vor, die heißen Körper. Adam, der stolz ist auf seine Morde, wirklich stolz. Was für ein barbarischer Ort. Und mitten drin Jacob. Wie kann er da überleben? Schlägt er auch zu, schneidet jemanden mit einer Rasierklinge, um seinen Platz zu sichern? Wo lernt man so was? Tragen wir alle diesen Funken Brutalität in uns, und haben vielleicht einfach das Glück, dass wir das Feuer, das alles verbrennt und neue Territorien festlegt, nie entzünden müssen, weil unser Leben ein gut abgestecktes ist, fein säuberlich geordnet? Wie schreibt man über diesen Bruch, wie erzählt man das Leben einer Person, das in die Brüche gegangen ist? Und wie war Jacobs Leben, bevor er in diese Hölle kam?

Jacob schreibt: Ich kam am 17. Juli 1973 in Bombay zur Welt. Heute heißt die Stadt Mumbai, eine irre, schmutzige und laute Stadt. Meine Geburt war so traumatisch, dass mich meine Mutter bis heute immer wieder daran erinnert. Kurz nachdem die Wehen eingesetzt hätten, sei sie in Ohnmacht gefallen, erzählt sie dann. Ich hätte ganz offensichtlich nicht auf diese Welt kommen wollen. Die Ärzte mussten mich gewaltsam rausholen, doch als ich endlich da war, atmete ich nicht, weinte nicht und mein Herz stand still. Ich wurde für tot erklärt, und einer meiner Onkel ging sofort los, um einen kleinen Sarg zu kaufen, während der Rest der Familie um mich weinte. Meine Mutter ist die älteste Tochter und ich war das erste Baby. Mein

Tod war ein schlechtes Omen für die ganze Familie. Und an Omen glaubten in meiner Familie alle. Doch dann geschah das Wunder. Minuten nachdem mich die Ärzte aufgegeben hatten, saugte ich plötzlich Luft in meine Lungen und stieß dann einen langen, schrillen Schrei aus. Zumindest hat man mir das später so erzählt. »Der Heilige Geist persönlich war am Werk«, sagt meine Mutter noch heute und rollt dann ihre Augen himmelwärts. Du musst wissen, dass meine Eltern sehr religiös sind, fanatisch würde ich gar sagen. Sie gehören der Pfingstgemeinde an, das sind keine normalen Christen mit ein bisschen In-die-Kirche-Gehen und so. Meine Eltern unterscheiden sich sogar in ihrem Äußeren von den Christen in Kerala, wo sie aufgewachsen sind. Anders als in Südindien üblich, habe ich meine Mutter nie Schmuck oder gar Gold tragen sehen. Sie hat sich immer sehr bescheiden gekleidet und oft ihr Haar mit einem Tuch verdeckt. Bei uns gab es keinen Fernseher und meine Eltern lebten ein einfaches Leben. Trotzdem war bei uns zu Hause immer viel los. Bis heute kommen die Leute von überall her, um sich bei meiner Mutter Rat zu holen. Sie ist hellsichtig und es heißt, sie habe einen direkten Draht zum heiligen Geist. Oft betet sie Tag und Nacht, weint und fleht und bittet und spricht mit Gott. Der hat auf alles eine Antwort, und diese Antworten kommen immer mit vielen Regeln, und wer die Regeln nicht befolgt, muss bestraft werden. So warnten mich meine Eltern immer vor der Zahl 666. Sie sei ein Zeichen des Teufels, dass er mich für meine Sünden bestrafen werde. Als Kind glaubte ich das. Heute weiß ich, was es wirklich war: elterlicher Machtmissbrauch, genauso wie die Schläge und Züchtigungen, die zu meiner Kindheit gehörten genau wie die stundenlangen Bitten an Gott um Vergebung. Das sind keine schönen Erinnerungen, und wenn du mich heute fragst, ob ich an Gott glaube, dann sage ich: Ich glaube an eine höhere Macht, jemanden, der diese Welt erschaffen hat. Wir leben ja nicht wie in *Star Wars* auf einem Raumschiff, das durchs All flitzt. Wir leben in einem Paradies mit perfekten Wesen, die irgendjemand erschaffen haben muss. Denkst du das nicht? Ich glaube an einen Schöpfer, aber nicht an eine Religion, weil Religion für mich immer Unterdrückung und Missbrauch bedeutet hat. Und wenn du mich fragen würdest, ob ich meine Eltern liebe, dann würde ich sagen: Ja, ich liebe sie und sie lieben mich, aber verbunden sind wir einander nicht. Ich kann mich an keine einzige zärtliche Geste erinnern. Als Kind fühlte ich Schmerz und Neid, wenn ich andere Eltern ihre Kinder umarmen sah. Auch später umarmte oder küsste mich meine Mutter nie. So etwas war bei uns undenkbar – und ist es bis heute. Meine Eltern hatten einfach nie gelernt, zärtlich zu sein.

Mein Vater und meine Mutter wuchsen beide in Kerala auf, aber kurz nach meiner Geburt zogen wir in die Vereinigten Arabischen Emirate, wo später auch mein jüngerer Bruder Robert zur Welt kam und wo mein Vater eine gut bezahlte Stelle als Buchhalter im Emirat Adschman antrat. Jahrzehntelang arbeitete er bei der gleichen Firma, bis er im vergangenen Jahr in Pension ging. Er war immer ein stiller Mann, während meine Mutter unsere sozialen Kontakte pflegte. Ich bewunderte sie und war stolz auf ihre vielen Verbindungen und all die Beziehungen, die sie zu Menschen unterschiedlichster Schichten pflegte. Diese Gabe, schnell mit allen Freundschaften zu knüpfen, hat sie mir vererbt, und dafür bin ich ihr dankbar. Meine Mutter lebte sich auch problemlos in Adschman ein. Sie lernte Arabisch und spricht es heute fließend. Sie wurde zur Anlaufstelle für Verwandte und Bekannte, die Probleme in der Familie oder mit den Behörden hatten, übersetzte und vermittelte. Jahrelang arbeitete sie als Krankenschwester in einem Regierungskrankenhaus in Adschman und betreute dort kranke Kinder. Egal ob Regierungsvertreter oder Taxifahrer, alle brachten ihre Kinder zu meiner Mutter, der sie vertrauten. Ist das nicht seltsam? Wie war es möglich, dass meine Mutter diesen fremden Kindern so viel Liebe schenkte, während ich vergeblich darauf wartete, dass sie mich in den Arm nahm?

Auf diese Frage habe ich bis heute keine Antwort gefunden.

Während der Schulmonate lebten wir im Emirat von Adschman. In den Schulferien während der heißen Sommermonate reisten wir nach Kerala, um unsere Onkel, Tanten, Cousins, Cousinen und die Großeltern zu besuchen. Mein Vater hat acht Brüder und zwei Schwestern, meine Mutter hat fünf Schwestern und einen Bruder. Ich habe etwa 35 Cousins und Cousinen, von denen heute auch alle wieder zwei oder mehr Kinder haben. Als ich in den USA war und Erfolg hatte – davon werde ich dir später schreiben –, sagten meine jungen Cousins voller Bewunderung: »Wenn wir groß sind, wollen wir so erfolgreich sein wie Jacob.« Seit ich im Gefängnis bin, hat sich kein einziger mehr gemeldet. Ich existiere nicht mehr für sie. Es ist eigenartig zu sehen, wie schnell Bewunderung und Liebe schwinden und Gleichgültigkeit oder Abneigung Platz machen. In unserer Gemeinschaft sind Familie, Zusammenhalt und Traditionen sehr wichtig. Letztere werden über viele Generationen weitergegeben und streng befolgt. Doch wer mit den Traditionen bricht, wer sich zu weit vom eigenen Stall wegbewegt, wer Schande über die Familie bringt, der wird vom Clan ausgestoßen, so wie ich. Nur meine Eltern und mein Bruder haben zu mir gehalten. Auch davon werde ich dir später erzählen.

Wenn wir also im Sommer nach Kerala zurückkehrten, verbrachten wir viel Zeit bei meinen Großeltern. Diese Besuche waren fast so heilig wie die täglichen Gebete. Die Fahrt vom Flughafen bis zu meinen Großeltern dauerte fünf Stunden. Anfangs gab es noch keine gepflasterten Straßen, und die holprige, kurvenreiche Fahrt durch Schlamm und Dreck war ein Abenteuer, ein Riesenspaß für uns Kinder. Wir fuhren durch Dschungel, dann vorbei an kleinen Häusern und großen Kautschukplantagen, bis wir beim Haus meiner Großeltern ankamen. Das Haus war einfach und stand zwischen Gummibäumen auf einem Hügel, weit abseits des geschäftigen Treibens der Stadt. Ich liebte es, im Sommer aus der heißen Wüste in dieses satte Grün zu entfliehen. Die Monsungewitter mit ihren zuckenden Blitzen, die Sturzfluten, die sich danach über uns ergossen und denen wir mit einer Tasse Tee in der Hand von der Veranda aus zuschauten, waren wild und elektrisierend. Das mochte ich.

Nach den langen Sommerferien kehrten wir nach Adschman zurück. Ich ging in Dubai auf eine Privatschule, die hauptsächlich von wohlhabenden Indern besucht wurde. Wir waren nicht reich, aber meine Eltern unternahmen alles, um uns die bestmögliche Ausbildung zukommen zu lassen. Dubai liegt etwa 30 Autominuten von Adschman entfernt, und so fuhr ich an sechs Tagen in der Woche mit anderen Kindern aus Adschman in einem Minibus zur Schule. Ich hatte viele reiche Freunde, die mir das luxuriöse Leben schmackhaft machten – ein Leben, von dem mich meine Eltern seit meiner Geburt fernzuhalten versucht hatten. Meine Freunde trugen teure Kleider und Schuhe »Made in Italy« und wurden von Privatchauffeuren in Luxuskarossen zur Schule gefahren. Ich erinnere mich gern an diese Zeit. Die Schule machte Spaß, ich brachte gute Noten nach Hause und war einer der besten Sportler meines Jahrgangs. Natürlich geriet ich ab und zu in eine Schlägerei, aber meine Eltern erfuhren nie davon, und auch später als Teenager mussten sie mich nie auf einer Polizeistation abholen.

Hätte mir damals jemand gesagt, dass ich einmal im Tihar-Gefängnis landen würde, hätte ich ihm laut ins Gesicht gelacht und gefragt: »Tihar, ich? Unmöglich!«

Freitag war schulfrei, da musste ich mit meinem jüngeren Bruder, meinen Eltern und unserem Dienstmädchen in Dubai in die Kirche. Damals in den Siebziger- und Achtzigerjahren gab es noch kaum Kirchen in Dubai, schon gar nicht für uns Pfingstler. Unsere Gottesdienste fanden in einer Schule statt und der Pastor war ein Freund meiner Familie. Pastor Ghe Varghese. Er hatte Kinder in meinem Alter, mit denen ich nach dem Gottesdienst spielte. Varghese bildete viele seiner Anhänger zu spirituellen Führern aus und schickte sie in die Welt hinaus, damit sie das Wort Gottes predigten. Seine Anhänger gründeten dann ihre eigenen Gemeinschaften. Damals bewunderte ich sie, heute denke ich, dass es ihr aufgeblasenes Ego war, das sie dazu motivierte, Anführer einer eigenen Gemeinschaft zu werden, nicht ihre große Religiosität.

Unsere Kirche war ein Auffangbecken für die Hoffnungslosen und Kranken, Billiglohnarbeiter und Waisenkinder. Auch ein paar Muslime konvertierten, aber das waren nie Araber aus den Emiraten, sondern arme Arbeiter aus Bangladesch oder Indien. Diese Bekehrungen waren nichts Schlechtes. Ich habe mit eigenen Augen gesehen, wie die neuen Gläubigen zu besseren Menschen wurden, wie Moral und Gehorsam in ihrem Leben eine wesentliche Rolle zu spielen begannen. Aber da waren auch die anderen, die Scheinheiligen, die regelmäßig einmal pro Woche in die Kirche kamen und sich den Rest der Woche betranken oder rumhurten oder beides. Dass Heiligkeit und Scheinheiligkeit untrennbar zu unserer Gemeinschaft gehörten, merkte ich erst, als ich selbst lieber in die Bar als in die Kirche ging. Doch auch meine muslimischen Freunde waren gegen Scheinheiligkeit nicht gefeit. Ihre Eltern prahlten vor anderen Eltern, wie tugendhaft und folgsam ihr Sohn sei. Doch ich wusste es besser, schließlich betrank ich mich mit diesen Söhnen, und dann erzählten sie mir von ihren verbotenen Freundinnen. Egal ob Muslim oder Pfingstler, wir lebten in unseren Gemeinschaften, in denen Schein wichtiger war als Sein und in denen Prediger wie Varghese die Leitplanken unserer Leben zu setzen begannen. Varghese war ein weiser Mann, der bis heute hohes Ansehen genießt. Deshalb suchte mein Vater den Pastor auch im Herbst 2008 auf, kurz nach meiner Verhaftung in Mumbai. Er bat ihn um Rat und geistige Führung. Wirklich gebraucht hätte ich damals allerdings keinen Pastor, sondern einen guten Anwalt.

Während meiner gesamten Jugend träumte ich davon, in die USA auszuwandern. Amerika klang wie eine süße Verheißung, ein Paradies, das neue Möglichkeiten und mehr Freiheiten versprach. Gegen Ende des Jahres 1991 war es endlich so weit, und ich reiste nach Connecticut, um dort zu studieren. Ich schrieb mich an der Eastern Connecticut State University für Computerwissenschaften und International Business ein. Meine Mutter war mit mir in die USA geflogen, um sicherzustellen, dass ich auch gut in meinem neuen Leben ankam. Doch statt erleichtert zu sein, war sie schockiert, als sie meine Studierendenunterkunft sah. Auf einem Stock waren die Mädchen, auf dem nächsten die Jungs. Die einzige Trennung war eine Treppe und auf dieser Treppe kam uns ein Mädchen im Schlafanzug entgegen. Meine Mutter begann zu weinen, als sie das sah. Ich frohlockte. Die strikte Geschlechtertrennung, die verbotenen Treffen, wie ich sie in Dubai erlebt hatte, gehörten endlich der Vergangenheit an. Hier würde niemand öffentlich ausgepeitscht werden, nur weil er Sex vor der Ehe hatte oder beim Alkoholtrinken erwischt wurde. Ich wusste das und meine Mutter wusste es auch. Mein altes Leben war zu Ende, hier begann ein neues. Das war uns beiden klar.

Ich begann mein Studium, arbeitete als Programmierer, jobbte nebenher als Tellerwäscher in einem Restaurant und machte ein Praktikum im Department of Transportation, dem Verkehrsdepartment. Dort erstellte ich ein Programm, das mithilfe von Satellitendaten die Zukunft des Straßenverkehrs im ganzen Bundesstaat voraussagen sollte. Ich half auch mit, neue Straßenkarten und Verkehrsverbindungen zu entwickeln. Erfolg und Geld waren meine Ziele und dafür war ich bereit, hart zu arbeiten.

Sobald ich meinen Abschluss in der Tasche hatte, zog ich nach Virginia, wo ich zuerst für die Handelskammer arbeitete und dann für Cellular One, eine Firma, die Dienstleistungen von Mobilfunkanbietern verkaufte. Ich arbeitete auf Kommission und leitete einen eigenen Laden, der neben einem McDonalds und einem Taco Bell lag. Ich hatte eine Menge Laufkundschaft. Anwälte, Bauarbeiter, Polizisten, Junge, Alte, alle kamen zu mir, um sich die neusten und besten Deals für ihr Mobiltelefon zu sichern, und wirklich jeder wollte damals ein Mobiltelefon haben. Mein Laden wurde mein Leben und der Beweis für meinen stetigen Aufstieg. Ich war so erfolgreich, dass ich mich in die Firma einkaufen konnte und bald nicht nur einen, sondern sechs Läden führte.

Zehn Jahre nachdem mich meine Mutter zur Universität gebracht hatte, begleitete sie auch meinen jüngeren Bruder Robert in sein neues, amerikanisches Leben. Nach ihrer Rückkehr nach Adschman wurde sie krank, und ich kann mich nicht erinnern, sie seither je wieder gesund gesehen zu haben. Sie hatte alle möglichen Krankheiten und leidet bis heute an Diabetes, doch am schwierigsten war ihr chronisches Nierenversagen. Jahrelang musste sie zwei- bis dreimal pro Woche an die Dialyse. Müdigkeit war ihre ständige Begleiterin. Obwohl meine Mutter immer kränker wurde, dachte ich nicht daran, zu meinen Eltern zurückzukehren. Die Schmerzen und Schwierigkeiten, die sie ertragen mussten, waren weit weg und zur physischen Distanz kam die emotionale Entrücktheit. Erst jetzt, im Gefängnis, verstehe ich, dass die Eltern die Einzigen sind, die dir wirklich beistehen, wenn alle anderen längst abgesprungen sind. Meine Mutter hat inzwischen eine neue Niere bekommen. Sie betet Tag und Nacht für mich. Manchmal denke ich: Wäre ich doch früher heimgekehrt und hätte ihr beigestanden.

In den USA hatte ich nie solche Gedanken. Bald kaufte ich mir ein Haus mit vier Schlafzimmern und gründete darin eine Wohngemeinschaft. Ich wohnte in einem Zimmer im Untergeschoss, in die anderen zogen drei Freundinnen von mir. Wir lebten wie eine glückliche Familie, kümmerten uns umeinander und kochten füreinander. Ich liebte dieses Leben, und wenn es nach mir gegangen wäre, hätte es ewig so weitergehen können.

In Virginia lernte ich neue Freunde kennen. Zein war einer davon. Er war ein Kunde von mir und begann bei uns abzuhängen und blieb oft über Nacht. Damals hatte ich auch eine Freundin, Keisha. Zein und Keisha liebten Partys. Keisha war DJane und legte selbst in Clubs auf. Zein verbrachte ganze Nächte in der Partyszene von Washington D. C. Anfangs begleitete ich die beiden selten. Mein einziger Fokus war mein Geschäft. Mit der Zeit ging ich ein- oder zweimal im Monat mit, dann wöchentlich. Ich trank, ich tanzte, ich beobachtete die Leute, die sich in diesen Clubs wie in einem anderen Film zu bewegen schienen, leicht und fröhlich und ohne müde zu werden. Es war eine Welt, die nichts mit dem stressigen Alltag zu tun hatte, an den ich mich gewöhnt hatte. Spaß zu haben war in diesen Clubs das oberste Gebot, Drogen waren der Schlüssel. Ich war neugierig auf diese Welten, doch wenn mir jemand Drogen anbot, lehnte ich ab. In solchen Momenten fühlte ich mich wie ein kleines Kind, dem jemand eine AK-47 hinhält und sagt: Schieß! Ich hatte Schiss, dass meine Welt zerbrechen würde. Noch wirkte die Prägung meiner konservativen Erziehung.

Keisha war anders. Sie wollte teilnehmen, sie wollte fühlen, wie sich die Leute in den Clubs fühlten. Sie wollte fliegen. Eines Abends kam sie nach Hause und sagte: »Ich habe Superman dabei, let's fly!« Ich verstand nicht, was sie meinte, bis ich die zehn dreieckigen, roten Ecstasypillen mit dem eingravierten S sah. Was konnte schon passieren, hier bei mir zu Hause? – Das war mein erster Trip. Er war nicht schlecht. Eigentlich war er sogar sehr gut! Wir flogen! Wir verschmolzen. Wir waren so unendlich verliebt.

Bald begleitete uns Superman überallhin. Ich merkte, dass ich sogar Autofahren konnte, wenn ich auf Drogen war, und so fuhren wir manchmal weite Strecken zu entfernten Clubs. Wir hatten Spaß, viel Spaß und auf einmal viele neue Freunde. Es war das Jahr 1999, Sting hatte eben sein Album *Brand New Day* veröffentlicht, und wir hörten seinen Song *Desert Rose* in Endlosschleife, während wir durch die Welt flogen. Wir waren Superman und Superwoman!

Dann kam die Jahrtausendwende und mit ihr begannen die Probleme. Es war ein Septemberabend, als ich mit Zein unterwegs war und er plötzlich den Wagen neben einem Typen anhielt. Der Mann reichte Zein Geld und Zein gab ihm eine Tüte mit Pillen. Zwanzig Ecstasypillen, wie ich später erfuhr. Als ich noch zu verstehen versuchte, was da vor sich ging, stand bereits die Polizei an unserem Wagen. Sie hatten Zein eine Falle gestellt, sein vermeintlicher Kunde war ein verdeckter Ermittler. Panik stieg in mir hoch. Mein wunderbares Leben, meine Karriere – war nun alles ruiniert? Wir wurden abgeführt, angeklagt, doch ich wurde freigesprochen. Meine Freundschaft mit Zein endete hier und wenig später auch meine Beziehung zu Keisha. Das Einzige, was blieb, war der Schock. Wieder konzentrierte ich mich nur auf die Arbeit, expandierte und besaß bald mehrere Mobilfunkläden. Wenige Monate nach meiner Trennung lernte ich Erin kennen. Sie war blond und das Schönste, was ich je in meinem Leben gesehen hatte. Erin hatte weder einen Vater noch Geschwister, stattdessen hatte sie viel Zeit in Erziehungsanstalten verbracht und wenig in Schulen. Doch all das spielte keine Rolle. Wir waren wie zwei Planeten, einer im Orbit des anderen, magnetisch voneinander angezogen. Es dauerte nicht lange, bis Erin schwanger wurde.

Und alles hätte gut gehen können. Ich hätte eine erfolgreiche Karriere im Telekomgeschäft machen können, eine teure Hochzeit feiern und vielleicht zwei oder drei Kinder haben können, Golf im Sommer und Skifahren in den Rocky Mountains im Winter ...

Mit Erin kamen auch wieder neue Freunde in mein Leben. Sie hießen Jason und Tie, und mit ihnen kehrte ich zurück in die Clubs, zurück zum gelegentlichen Trip mit Superman.

Müsste ich heute einen Tag nennen, an dem sich mein Leben für immer veränderte, wäre es der 15. April 2003. Jason rief mich an und fragte, ob ich ihn zu einer Party begleiten wolle und ob ich Ecstasy mitbringen könne. Er wollte 150 Pillen. Ich hatte sie nicht, doch ich kannte jemanden, der liefern konnte, und dieser jemand war Tie und hing gerade auf meinem Sofa ab. Tie wollte nicht allein zu Jason fahren und bat mich mitzukommen. Bevor wir losfuhren, fragte Jason, welchen Wagen wir nehmen würden. Die Frage erschien mir seltsam. »Wir kommen in meinem schwarzen Mercedes«, sagte ich, doch dann fuhren wir in Ties Auto. Als wir beim verabredeten Treffpunkt anhielten, stieg ich aus und ging ein paar Schritte. Da sah ich sie: Zwei Wagen, dann ein dritter und ein vierter, alle rasten auf uns zu, verstellten uns den Weg, Männer sprangen heraus, einer schrie: »Wo ist der schwarze Mercedes!?« Ich sah die Spürhunde und wusste, dass wir tief in der Scheiße saßen. Jason hatte uns verraten.

Die Hunde fanden schnell die 150 Pillen, versteckt unter dem Benzintank. Später stellte sich heraus, dass nur 16 davon Ecstasypillen waren. Was der Rest war, weiß ich nicht, aber ich weiß, dass es 16 Pillen waren, die mein Leben für immer verändert haben. Tie und ich wurden in Handschellen abgeführt und auf die Polizeiwache gebracht. Um halb drei in der Früh zahlte ich 5000 US-Dollar und kam auf Kaution frei. Um vier Uhr war ich zu Hause. In der Zwischenzeit war die Polizei bereits bei Erin gewesen. Sie sagten ihr, ich sei in einen Überfall involviert, und durchsuchten ihr Haus, wo wir am Tag zuvor eine Party gefeiert hatten. Sie fanden 4 Gramm Kokain und etwa 30 Pillen. »Wem gehört das Zeug«, fragten sie, und Erin antwortete: »Ich glaube, das ist Jacobs.« Sie hatte mich verleumdet, um ihre Haut zu retten, und ich konnte nur noch an einen Satz aus einem Al-Pacino-Film denken: »Wenn es heiß wird, hast du zehn Sekunden Zeit. Lauf!« Ich hatte Angst. Also lief ich.

Ich lege den Brief weg. Gerade habe ich ihn bis hierhin ein zweites Mal gelesen. Was für eine Geschichte, habe ich nach der ersten Lektüre gedacht. Und dann: Soll ich ihm glauben, kann ich es, und spielt das, was er in den USA getan hat oder nicht, überhaupt eine Rolle für diese Geschichte? Geht es nicht eher darum zu fragen, was das für sein weiteres Leben, auch jenes seiner Familie bedeutet, etwa für Jacobs kleinen Bruder Robert, der auf einmal sein Idol verloren haben muss? Ich werde ihn fragen, beschließe ich. Robert ist eben aus den USA nach Neu-Delhi gereist, um seinen Bruder im Gefängnis zu besuchen. Ich habe ihn angerufen und bin nun mit ihm am Khan Market verabredet. Den Brief – es ist ein dickes Bündel Papier – falte ich zusammen und verstaue ihn in meiner Tasche.

## Neu-Delhi, 15. November 2011 – Der Bruder

Robert kommt direkt vom Gericht, wo er Jacob gesehen und seine Verhandlung miterlebt hat. Er ist ein paar Jahre jünger als Jacob, hat ein rundes, freundliches Gesicht und wirkt weniger weltmännisch als sein eingesperrter Bruder. Er kramt eine Einkaufsliste hervor, die ihm Jacob mitgegeben hat: Haferflocken, Cornflakes, Schokoladenkekse, Energieriegel, Vitamintabletten, Nudeln, Erdnussbutter, Trockenfrüchte, Fischöl ... Im Khan Market, der bekannt ist für seine Läden mit importierten Produkten und teuren Restaurants, bekommt man all das. Robert wirkt fahrig und nervös und kauft, was immer er kriegen kann. Ob er sich schuldig fühlt, weil er all die Jahre nicht gekommen ist, um seinen Bruder im Gefängnis zu besuchen? Robert arbeitet in den USA an einer Uni – kein gut bezahlter Job, einfach einer, der das Begleichen der Rechnungen ermöglicht. Zudem hat er nur zwei Wochen Urlaub im Jahr und eine Freundin, von der die Eltern noch nichts wissen, obwohl sie bald ein Kind bekommen wird. Da macht man wohl keine Reisen um den halben Globus, auch nicht für den eigenen Bruder.

Nach dem Einkauf setzen wir uns in ein Café und bestellen Cappuccino. Die Begegnung hat Robert erschüttert. Jacob habe versucht, den großen, starken Bruder zu spielen, aber die Veränderungen blieben Robert nicht verborgen. »Er wirkt ausgezehrt, seine Sinne stumpf. Wo ist sein Humor, wo sind seine schnellen Antworten und gezielten Fragen geblieben?« Robert stützt den Kopf in die Hände, scheint einen Moment lang in seinen Erinnerungen zu versinken. Seit er denken kann, war Jacob der Goldjunge, umschwärmt von den Frauen, geliebt von allen. Jacob sei es gewesen, der immer die besten Ideen gehabt habe und deshalb von den Cousins und Verwandten bewundert worden sei. Manche neideten ihm auch den Erfolg. »Und jetzt? Alles weg!«, seufzt Robert. Der Goldladen, das Reisebüro, die Werbeagentur, das Restaurant, Jacobs beide Landcruiser und die Immobilien. Fort.

»Es ist, als habe Gott ihn bestrafen wollen. Doch wofür?«

»Aber hat er sich das nicht selbst eingebrockt«, frage ich.

Robert schweigt einen Moment, sagt dann, er wisse es nicht. Er wisse nur, dass seine sogenannten Freunde, die angeklagt wurden, alle Schuld auf Jacob geschoben hätten. Der war ja nicht da. Und jetzt? Wird er wirklich ausgeliefert? Wird er dann noch mal Jahre in einem amerikanischen Gefängnis sitzen, nachdem er Tihar überlebt hat? Diese Fragen rauben Robert den Schlaf. »Mein Bruder macht immer das Beste aus jeder Situation«, sagt er, aber: »Im Gefängnis gibt es nichts zu machen, da ist er machtlos.« An einen fairen Entscheid glaubt er zudem längst nicht mehr. Heute hat er den Staatsanwalt und den Richter gesehen. Beide taten so, als sähen sie Jacob zum ersten Mal. Im Gerichtssaal herrschte ein Riesenchaos und alle riefen durcheinander. Der Richter fragte, worum es in diesem Fall gehe, in welchen Bundesstaat Jacob ausgeliefert werden solle, und der Staatsanwalt konnte keine einzige Frage beantworten. »Es ist ein Witz und eine Schande! Die beiden behandeln Jacobs Fall seit mehr als drei Jahren. Verstehst du? Mehr als drei Jahre ohne Urteil und noch immer scheinen sie keinen blassen Schimmer von Jacobs Fall zu haben. So was verdient nicht einmal den Namen Justizsystem!« Robert schüttelt den Kopf. Doch der Frust und die Verzweiflung lassen sich nicht abschütteln.

Er weiß nicht, wie er, wie die Familie das alles durchstehen sollen. Die Mutter betet unablässig für Jacob, aber sie ist krank und wird immer schwächer. Jeden Monat gibt sie Hunderte von Dollar für ihre Medikamente aus, dazu kamen in den letzten Jahren die Anwaltskosten für Jacob. Robert will ihnen helfen, aber er weiß nicht wie. Früher war es Jacob, der in solchen Momenten immer einen Ausweg wusste.

Heute sitzt er selbst in der Sackgasse. Wir schweigen einen Moment, dann zeige ich auf die prall gefüllten Tüten: »Und die hier, wie willst du die ins Gefängnis bringen?«

»Jacob sagt, dafür kennt er einen Weg.« Nun steht Robert auf. Er müsse los, sagt er, und schon ist er weg. Ich bestelle einen Masala Chai und ziehe Jacobs Brief aus der Tasche. Ich will noch einmal lesen, was geschah, als Jacob nur noch an jenen Satz aus dem Al-Pacino-Film denken konnte: »Wenn es heiß wird, hast du zehn Sekunden Zeit. Lauf!«

## Brief von Jacob (Fortsetzung) – Tihar, 13. November 2011

Am 17. April, zwei Tage nachdem wir geschnappt worden waren, verließ ich die USA in einem Flugzeug nach Dubai. Ich ließ alles zurück, meine Shops, mein Haus, meine Autos und meine schwangere Freundin. Ich glaube, das hat sie mir nie verziehen. Tie wurde später verurteilt, wegen der Pillen in seinem Auto und wegen anderer Delikte. Er verbrachte drei Monate im Gefängnis. Erin wurde verurteilt für die Drogen, die die Polizei in ihrem Haus gefunden hatte. Sie kriegte ein Jahr auf Bewährung, aber in den Knast musste sie nicht. Die Hauptschuld luden sie beide und auch die anderen, die noch angeklagt wurden, auf mich. Ich war ja nicht da. Zuerst bat ich meinen Bruder, sich um meine Shops zu kümmern, doch er packte das nicht, und ich verlor alles, was ich in den USA je besessen hatte.

In Dubai begann ich wieder von vorne. Ich gründete eine kleine Werbefirma, die schnell erfolgreich wurde. Ich hatte 12 Angestellte, die 3-D-Animationen, Werbebroschüren und Webseiten machten. Dann startete ich eine Reiseagentur und fuhr Touristen in Land Cruisern die steilen Dünen hoch und runter, bis sie vor Aufregung kreischten. Auch einen neuen Shop für Mobiltelefone eröffnete ich und bald ein kleines Restaurant. Zudem hielt ich eine Beteiligung an einem Goldladen. In der Freizeit schaute ich mir Hollywoodfilme an, was mich deprimierte, weil ich an all das erinnert wurde, was ich verloren hatte. In diesen Momenten trank ich mich in den Schlaf und ins Vergessen. Ich schämte mich für meine Dummheit und meine Feigheit, doch am nächsten Morgen rappelte ich mich wieder auf und machte weiter.

Stufe um Stufe stieg ich die Leiter des Erfolgs wieder hoch, besaß bald mehrere Firmen und ein Haus. Erin war in den USA. Sie hatte unser Kind abgetrieben. Trotz allem blieben wir ein Paar und führten eine Fernbeziehung. Selbst über diese große Distanz wirkte die Anziehung zwischen uns. Eines Tages fragte ich Erin am Telefon, ob sie mich heiraten wolle. Ich wollte sie endlich wieder ganz in meinem Leben haben. Zuerst glaubte Erin, ich mache Witze, doch dann lachte sie und flog kurz darauf nach Dubai, wo ich ihr den Verlobungsring schenkte. Erin mochte die Stadt, aber bald änderte sich das. Blond und grünäugig passte sie nicht in diese verschleierte, künstliche Welt. Die Männer sahen in ihr eine Prostituierte und fraßen sie mit ihren Blicken auf. Wir gingen kaum mehr aus, stritten uns, und immer öfter fand ich sie in Tränen aufgelöst, wenn ich abends nach Hause kam. Ich liebte sie, aber es war, als sei unsere Beziehung vergiftet. Manchmal fragte ich mich, ob es anders gewesen wäre, wenn sie das Kind nicht abgetrieben hätte. Vielleicht wäre es für uns beide ein Anker gewesen.

Dann wieder quälten mich Zweifel: War Erin überhaupt loyal oder arbeitete sie vielleicht doch mit der Polizei zusammen? Würde sie mich wieder verraten? In dieser Zeit wurde sie einmal in Dubai ausgeraubt, als sie vor einem Geschäft auf mich wartete. Es wurde ihr bloß die Handtasche gestohlen, doch von diesem Tag an begann sie, die Stadt, die Wüste, die Menschen, die hier lebten, zu hassen. Kurz darauf starb ihre Mutter, und sie kehrte nach Amerika zurück. Ich aber konnte ihr nicht folgen, nicht einmal zum Begräbnis ihrer Mutter kam ich. Die USA waren verbrannte Erde. Ich war verzweifelt und einsam, wollte Erin unterstützen und merkte, dass ich doch bloß ein Hindernis in ihrem Leben war. Unsere Anrufe wurden seltener, und dann an einem Abend, als ich schon angetrunken war, rief ich sie an und sagte: »Ich bin fertig mit dir.« Das war's. Meine Eltern haben nie von ihr erfahren und werden nie wissen, dass sie in meinem Leben existiert hat.

2008 verschlechterte sich der Gesundheitszustand meiner Mutter wieder. Es war September, Ramadan, meine Eltern waren in Kerala, und ich beschloss, sie noch vor Eid al-Fitr, dem Fest des Fastenbrechens, zu besuchen.

Am 20. September landete ich in Mumbai. Ich beantwortete die Fragen des Zollbeamten, doch statt mich gehen zu lassen, forderte er mich auf, mitzukommen. Er brachte mich in einen kleinen Raum. Dort legte er einen Stapel Dokumente vor mir auf den Tisch. Zuoberst stand »15. April 2003 ... « Vor mir lagen ein internationaler Haftbefehl und ein Auslieferungsgesuch der USA. Panik stieg in mir auf. »Jetzt werden sie mich zurückschicken«, dachte ich, doch als die Polizisten kamen, schickten sie mich nicht in die USA, sondern brachten mich ins Gefängnis von Mumbai. Den Dreck und den Abschaum und dass man dort nicht einmal Flipflops tragen durfte, sondern barfuß gehen musste, hielt ich nicht aus. Ich bat den Richter, mich nach Neu-Delhi zu verlegen. In der Hauptstadt musste es besser sein. Der Richter willigte ein. Hier bin ich nun seit mehr als drei Jahren.

Liebe Karin, es ist spät, der Brief ist lang geworden. Die Zelle ist längst abgeschlossen und ich mache jetzt Schluss. Das nächste Mal berichte ich dir von meinem Leben hier und von meinen Freunden und Feinden und, wenn ich Zeit finde, auch von den Drogengeschäften und anderen Deals im Gefängnis. Schwester Salomi hat mir gesagt, dass mein Bruder angekommen ist. Es ist das erste Mal, seit ich inhaftiert bin, dass er mich besuchen kommt. Ich hoffe, ich sehe ihn bald.

Schlaf gut.

Jacob

Ich nehme Papier und Stift und schreibe: »Lieber Jacob«, dann stocke ich. Was schreibt man einem, der seit mehr als drei Jahren in einem der schlimmsten Gefängnisse der Welt sitzt? Was würde ich an seiner Stelle hören wollen? Vom Leben würde ich lesen wollen. Vom Alltag. Von der Schönheit und den Reisen. Ja, ich würde reisen wollen, wenn auch nur in Gedanken, verleitet durch Buchstaben auf einem Blatt Papier, also schreibe ich:

Lieber Jacob,

du hast mir viel von dir erzählt, lass mich dir etwas über mein Leben erzählen. Habe ich dir geschrieben, dass ich einen Hund habe? Er heißt Raja, benannt nach Mahinda Rajapaksa, dem Präsidenten von Sri Lanka. Es ist nicht so, dass ich den besonders mag, im Gegenteil, eigentlich verabscheue ich ihn, für das Blutbad, das er angerichtet hat in seinem Krieg gegen die Tamilen. Die Namensgebung ist eher ironisch gemeint, eine hündische Beleidigung des Präsidenten und eine Erinnerung an meine Recherchereise nach Sri Lanka im Januar 2010 zu den Präsidentschaftswahlen. Damals wäre ich nämlich fast aus dem Land geflogen, die Ausweisung lag bereits in meinem Hotelzimmer ... bis der Präsident persönlich intervenierte und mich zu einem Mittagessen einlud. Lass mich so viel vorwegnehmen: Das Interview, das ich während des Mittagessens führte, war für eine Radioreportage unbrauchbar. Mahinda Rajapaksa schlürfte und schmatzte während des ganzen Gesprächs so laut, dass mein Mikrofon kaum einen brauchbaren Satz aufzeichnen konnte.

## Tihar, 18. November 2011 – Brief von Jacob

Liebe Karin,

vielen Dank für deinen Brief. Robert hat ihn mir gebracht, er war gestern bei mir im Gefängnis. Ich werde versuchen, deine Fragen zu beantworten und dir Genaueres über das Gefängnisleben zu erzählen. Was für ein Leben du führst! Sie wollten dich wegen ein paar kritischer Fragen an einer Pressekonferenz aus dem Land werfen, und dann überlegt es sich der Präsident doch anders und lädt dich zum Mittagessen ein? Und schickt dich noch dazu auf eine Walfischbeobachtungstour mit 23 Miss-Slowakei-Anwärterinnen, die auf dem Boot ihr Fotoshooting machten? Also mir hätte das gefallen! 😊 Aber dieser Tourismusdirektor, der dir mit seiner heimlichen Geliebten in Kandy einen flotten Dreier anbot, ist ja der Gipfel! Glaubst du, sie wollten dir eine Falle stellen? Auf so eine Idee muss man auch erst kommen. Und jetzt willst du für eine Recherche nach Pakistan fahren. Nach Karachi willst du, um über die Clankämpfe zu berichten? Sei bloß vorsichtig! Ich kenne ja einige Pakistaner hier im Gefängnis, und die erzählen mir von Bomben und Kämpfen und auch vom Geheimdienst, der alle ausspioniert und selbst vor Ausländern nicht zurückschreckt. Also sei vorsichtig und komm heil zurück! Und: Genieß das pakistanische Essen. Was würde ich für ein Lamm-Biryani oder einen knusprigen Kebab geben!

Lass mich dir zuerst von den Ereignissen der letzten Tage erzählen. Das Wiedersehen mit meinem Bruder hat mein Herz erwärmt, und das geschieht nicht oft hier drin. Vielen Dank auch für die großzügigen Einkäufe. Du kannst dir gar nicht vorstellen, wie es sich anfühlt, in einen Schokokeks zu beißen. Himmlisch! Du wunderst dich sicher, wie ich all die Leckereien ins Gefängnis gebracht habe, schließlich ist das nicht erlaubt. Lass mich dir also ein paar Dinge über das System Tihar erzählen, wie diese Maschine geölt und geschmiert wird. Denn das ist Tihar: ein wohlgeschmiertes Räderwerk, das wacker summt und brummt, wenn man nur weiß, wohin man das Öl gießen muss.

Von Gesetzes wegen ist es erlaubt, dass uns Verwandte Essen ins Gefängnis bringen. Aber hier gelten andere Regeln, die nichts mit den Gesetzen da draußen zu tun haben oder denen, die irgendwo auf einem Blatt Papier stehen. Wenn du dein eigenes Essen ins Gefängnis bringen willst, gibt es einen sicheren Weg, und der führt über die offizielle Gefängniskantine: Du bestichst den Vorsteher der Kantine mit ein paar Tausend Rupien, und der schleust dein Essen rein. So habe ich das bislang meist gemacht. Dabei musst du wissen: Die offizielle Gefängniskantine ist zwar gratis, aber ungenießbar. Dort isst niemand freiwillig, weil die Gefängnisverwaltung das Geld für die Rationen einsackt und man deshalb weder Milch noch Zucker noch sonst etwas bekommt, das dich satt macht. Neben dieser offiziellen Kantine gibt es auch noch eine private, die von Gefangenen betrieben wird. Über die habe ich die Mitbringsel meines Bruders hereingebracht. Das ist billiger, weil sich der Kantinenchef, der selbst Gefangener ist, mit Schmuggelware und nicht nur mit Cash schmieren lässt.

Die Gefängnisverwaltung bestimmt, welcher Gefangene die private Kantine führen darf. Die Einnahmen daraus sollten eigentlich in einen Sozialfonds für die Gefangenen fließen, aber so läuft das nun mal nicht. Der Gewinn – und der ist fett – geht an den Kantinenchef. Jeder Gefangene, der es sich leisten kann, isst in der privaten Kantine. Hier gibt es Snacks: Parathas, Pommes, frittiertes Gemüse und Süßigkeiten. Am Morgen kannst du Brot und Chai kaufen, zu Mittag wird ein Menü zubereitet: Rotis, also Fladenbrot, Kohl, Sojabohnen oder Kartoffeln und was immer gerade auf dem Markt erhältlich ist. Ab vier Uhr gibt es Abendessen. Ein lukratives Geschäft, deshalb reißen sich so viele darum. Der Kantinenchef verdient jeden Monat zwei, drei Lakh Rupien aus dem Verkauf von Essen, also bis zu 6000 US-Dollar. Damit lebst du auch im Gefängnis wie ein König. Doch wer den Vertrag will, hat auch Kosten: Er braucht ein hohes Startkapital und hat laufende Ausgaben. Zuerst muss er den Gefängnischef mit mindestens drei Lakh Rupien bestechen und danach monatlich mindestens ein Lakh Rupien abgeben, sozusagen als Miete. Andere Gefängnismitarbeiter halten ebenfalls die Hand auf. Kriegen sie Geld, schauen sie weg, wenn private Lebensmittel auch über diese Kantine reingebracht werden.

Die Kantine wird seit 2005 von einem ehemaligen Bodyguard des indischen Präsidenten geführt. 2003 hat er mit einem weiteren Mitglied der Präsidialgarde am helllichten Tag in einem Park eine 17-jährige Studentin vergewaltigt. Zwei weitere Kollegen standen Wache. Die beiden Vergewaltiger wurden zu lebenslänglicher Haft verurteilt. Der, der jetzt die Kantine führt, benimmt sich auch im Gefängnis wie Rambo, schlägt und beschimpft, wen er will, und niemand wagt es, ihn zu kritisieren, obwohl er ein Vergewaltiger ist und damit eigentlich weit unten stehen sollte in der Gefängnishierarchie.

Ich habe früher immer in dieser privaten Kantine gegessen, doch seit ich mit Vikas befreundet bin, esse ich meist sein privates Essen. Als Mörder hat er keine Probleme, Essen reinbringen zu lassen. Mörder bekommen, was sie wollen, weil sich alle vor ihnen fürchten – im Gefängnis wie draußen, ja selbst das Gefängnispersonal.

Vor einiger Zeit wollte ein anderer Insasse, der früher eine große Firma geleitet hat und wegen Mordes an seinem Buchhalter hier sitzt, die Leitung der Kantine übernehmen. Er hat bei der Gefängnisverwaltung einen Antrag gestellt. Am Tag darauf zerschnitt ihm ein Gefangener mit einem großen Messer das Gesicht. Uns allen war klar, wer ihn losgeschickt hatte ... Bestraft wurde niemand, und niemand mischt sich jetzt noch ins Kantinengeschäft ein.

So läuft das also hier: Du willst Essen, Drogen, Tabak oder einen Mitgefangenen einschüchtern? Kein Problem, finde jemanden, der für dich die schmutzige Arbeit erledigt, und bezahle ihn. Es gibt genügend arme Teufel, die für ein paar Rupien alles machen. Die, die zuoberst in der Hackordnung stehen, machen sich nie die eigenen Hände schmutzig.

Don zum Beispiel. Vielleicht erinnerst du dich an den Namen. Er ist Nigerianer, Chef der Kirche und des Drogenhandels im Gefängnis. Die meisten Ausländer im Gefängnis kommen aus Nigeria, alle sind ins Drogengeschäft verwickelt. Sie kommen nach Indien, weil man ihnen gesagt hat, dass sie hier einfach Geld verdienen können. Wie das geht, hat man ihnen nicht gesagt. Sie steigen also im YMCA ab, einer ach so christlichen Herberge, und landen bald im Netzwerk der nigerianischen Drogenmafia. Da sie wissen, dass sie nicht nach Hause können, ohne dort mit dem Landcruiser vorzufahren, tun sie, was ihnen ihre neuen Freunde sagen, und werden Teil dieses weltumspannenden Netzes: Die Afghanen bauen das Opium an, in den Stammesgebieten in Pakistan produzieren sie das Heroin, die Punjabis und Kaschmiris bringen es über die Grenze, dort holen es die Nigerianer ab. 2000 US-Dollar pro Kilo. Bringen sie es in die USA, kriegen sie bis zu 125 000 US-Dollar dafür. In Tihar geben sich dann die kleinen und großen Drogendealer ein nettes Stelldichein und bauen bei einer Tasse Chai ihr Netzwerk aus. So ist Tihar das beste Rekrutierungszentrum für Drogendealer. Auch mich hat Don gefragt, ob ich ihm mit Kontakten in den USA helfen könnte. Ich habe dankend abgelehnt. Ich blieb dabei freundlich, denn Don vertritt nicht nur die Kirche und die Ausländer im Gefängnis, er erschleicht sich auch die Gunst des Gefängnisdirektors Shamsher Singh, indem er ihn immer wieder mit Informationen über andere Gefangene versorgt. Cleverer Bursche, sichert sich auf allen Seiten ab. Singh erlaubt ihm für seine Informantendienste, sich mit seiner Frau in einem privaten Raum zu treffen, wenn sie zu Besuch kommt. Drei ungestörte Stunden, während wir anderen uns im überfüllten Besuchertrakt die Kehle aus dem Hals schreien, weil die Sprechanlagen nicht funktionieren.

Vor drei Tagen hat Dons Frau bei einem solchen Besuch etwas zu Essen gebracht, ein saftiges Huhn mit Curry und Reis. Don hat das Huhn mit seinen Freunden geteilt und mir auch ein Stück angeboten. Ich sah, wie im Bauch des Huhns sorgfältig verpackte Drogen lagen. Nach dem Gaumenschmaus haben Don und seine Dealer die Drogen im Gefängnis vertickt. Und sag mir jetzt nicht, das Gefängnispersonal habe nichts davon gewusst.

Die Drogen gehören zum Knast wie die Gitter vor unseren Zellen. Beinahe jeder Insasse hier ist von irgendwas high. Wenn er keine Drogen nimmt, dann raucht er Tabak oder kaut Paan. Natürlich ist das verboten, aber alles geschieht vor den Augen der Wächter, mit ihrer Einwilligung. Gib einem Wächter 500 Rupien, lächerliche zehn US-Dollar, und er bringt dir drei Päckchen Tabak. Was draußen 70 Rupien kostet, verkaufst du im Gefängnis für 950 Rupien und machst so jeden Tag fetten Gewinn. Solange alle profitieren, sagt niemand etwas. Und wer zugedröhnt ist, macht keine Probleme. Mich hat es gewaltig genervt, dass Don die Drogen aus dem Huhn so ganz offensichtlich vertickte. Er, der jeden Sonntag predigt, dass nur in den Himmel komme, wer gottesfürchtig sei. Einen Moment lang habe ich mit dem Gedanken gespielt, Don beim Gefängnisvorsteher Shamsher Singh zu verpfeifen. Ich hab's dann bleiben lassen – ich will keine Rasierklinge in meinem Gesicht, zudem ist Don ja Singh's Boy, und vom Drogengeschäft profitieren hier alle, die Insassen genauso wie die Gefängniswächter.

Aber wehe, du brauchst Medikamente, wenn du krank bist! Die kriegst du nicht. Santosh, der sich mit Säure umbringen wollte, ist nur noch Haut und Knochen. Sein Essen muss mit einem Mixer zu Brei verarbeitet werden, damit es durch den Schlauch geht. Wir haben einen Mixer beantragt, aber die Gefängnisadministration hat nicht reagiert. Als Santosh Ende 2010 hierherkam, wog er 60 Kilo. Jetzt wiegt er wahrscheinlich noch 30. Er wollte ins Gefängniskrankenhaus, aber sein Antrag wurde abgelehnt. Ich weiß nicht, wie lange er noch durchhält. Auch der Rollstuhl, den ich für den behinderten Sonu beantragt habe, ist noch nicht gekommen. Was für eine Welt ist das, in der man einfacher an Drogen als an einen Rollstuhl oder Mixer kommt?

So, jetzt muss ich Schluss machen, morgen habe ich einen Termin am Gericht.

Liebe Grüße

Jacob

PS: Seit letzter Nacht habe ich ein paar Kätzchen in meiner Zelle. Sie wurden von der Mutter verlassen, und ich habe sie reingeholt. Die sind so klein, sie können noch nicht einmal ihre Augen öffnen! Ich habe aus Karton eine Box gebastelt, Kleider reingelegt und den Kätzchen ein Zuhause gemacht. Von der Krankenstation habe ich sogar ein Fläschchen mit Gummisauger bekommen. Ich habe jetzt Milch reingefüllt und füttere sie damit.

## Neu-Delhi, 23. November 2011 – Gefängnisbesuch

Nach meinem ersten Besuch als Journalistin bekomme ich keine weitere Besuchserlaubnis. Eine offizielle Begründung gibt es nicht, aber inoffiziell heißt es, zu viele Journalisten hätten zu kritisch berichtet. Die einzige Möglichkeit, Jacob erneut zu treffen, ist der offizielle Besuchsweg. Das bedeutet viel Bürokratie und scheitert am Ende beinahe daran, dass die Wärter den Mietvertrag meiner Wohnung sehen wollen, den ich aber nicht dabeihabe. Eingelassen werde ich am Ende nur, weil ich die Mobiltelefonnummer von Shamsher Singh habe, dem Gefängnisdirektor, und ihn kurzerhand anrufe. Mit einem breiten Grinsen führt er mich persönlich in den Warteraum. Mir ist bewusst, dass ich jetzt in seiner Schuld stehe, und das ärgert mich. Was er dafür einfordern wird, weiß ich noch nicht, aber dass er eine Gegenleistung will, ist sicher. Wenn ich etwas aus Jacobs Briefen verstanden habe, ist es, dass hier alles seinen Preis hat.

Der Warteraum ist etwa fünf mal drei Meter groß. Putz bröckelt von den Wänden, auf dem Boden liegen Steine herum, wie auf einer Baustelle. Mehr als dreißig Männer, Frauen und Kinder warten, einige bereits seit vielen Stunden. Erst am späten Vormittag werden wir in den Besuchertrakt gerufen. Hier können die Angehörigen mit den Gefangenen sprechen. Frauen halten Kinder an die Scheiben. Legen ihre Hand auf das Glas, das sie von der Hand ihres Mannes, Bruders oder Sohnes trennt. Die Häftlinge brüllen in die Mikrofone der Sprechanlagen, doch die Verwandten scheinen wenig zu verstehen. Es piept und knackt und lärmt.

Jacob steht frisch rasiert auf der anderen Seite der Glasscheibe. Wir haben eine halbe Stunde Zeit. Im Besuchertrakt sind nur Stift und Papier erlaubt, keine Aufnahmegeräte. Trotzdem habe ich einen Stift mit eingebautem Aufnahmegerät hereingeschmuggelt, um unser Gespräch aufzuzeichnen, doch die Aufnahmen sind wertlos, die Worte werden vom Lärm verschluckt, wie ich später beim Abhören merke. Wir sprechen mit überdeutlicher Mimik, um zu verstehen, was der andere sagt, während ich mir Gesprächsnotizen mache:

Hallo Jacob, danke für deine Briefe! Wie geht es dir? Es ist kalt geworden. Habt ihr denn Heizöfen?

Heizöfen? Du machst Witze. Es ist scheißkalt.

Hast du denn genügend warme Sachen?

Schon, aber die Duschen sind kalt. Reine Tortur. Zum Glück habe ich diesen Jungen, der für mich arbeitet. Er bringt mir jeden Morgen einen Eimer mit heißem Wasser aus der Küche, damit ich mich waschen kann. Ich habe ihm dafür einen Pullover geschenkt.

Und deine Kätzchen? Werden sie fett und groß und halten dich warm?

Ja, sie sind ganz süß, aber wenn du willst, kannst du sie haben.

Ich zögere: Das geht nicht wegen Raja ...

Rajapaksa, der alte Hund, vielleicht lädt er sie ja auch zum Mittagessen ein?

Wir lachen beide.

Ist aber nicht nötig, sagt Jacob, die Katzen sind hier gut aufgehoben. Vor ein paar Tagen ist die Katzenmutter wieder aufgetaucht. Sie schlich in meine Zelle und begann ihre Kätzchen zu füttern. Ich kenne die Mutter, wir nennen sie Kali.

Wie die Göttin des Todes?

Du kennst dich im endlosen Universum der Hindu-Götter aus? Weißt du, dass Kali auch die Göttin der Erneuerung ist? Meine Katzen-Kali ist immer trächtig und wirft mehrmals im Jahr. Nun hat sie sich in meiner Zelle eingerichtet, aber ich glaube, ich entwickle eine Katzenallergie. Ständig muss ich niesen, seit ich die Katzenfamilie in meiner Zelle habe.

Du, wir haben nicht viel Zeit, erzähl mir doch, wie war es beim letzten Gerichtstermin? Robert war doch auch da.

Er war in Kerala bei den Eltern und flog extra für

den Gerichtstermin zurück nach Neu-Delhi, doch der Richter war nicht anwesend und der Gerichtstermin wurde verschoben und findet erst in zwei Wochen statt. Robert ist ganz umsonst gekommen. Beim nächsten Mal wird er nicht mehr hier sein. Er muss zurück in die USA.

Wie geht es Santosh und Sonu?

Santosh wurde endlich ins Krankenhaus verlegt. Aber ich bin nicht sicher, ob er durchhalten wird, ob es nicht zu spät ist.

Und Sonu?

Der Rollstuhl ist immer noch nicht da. Schwester Suma hat auch noch einmal bei der Gefängnisverwaltung nachgefragt. Sie war gestern hier, um meinen Fall zu besprechen, und erzählte mir, dass sie mit einem anderen Anwalt bei Sonus Familie gewesen war. Sonus Familie wohnt in einem Armenviertel in der Stadt. Als Schwester Suma dort ankam, sah sie, wie vier Bulldozer auf Sonus Haus zurollten. Sie hatten bereits mehrere Häuser im Viertel abgerissen. Die Bewohner standen zwischen den Trümmern und schienen nicht zu wissen, wie ihnen geschah.

Und wie hat sie reagiert?

Sie stellte sich in ihrem Nonnengewand schützend vor Sonus Haus, bevor sie es zertrümmern konnten! Die Bulldozer hielten inne, die Schwester verlangte, die Bewilligungspapiere zu sehen, doch die Fahrer konnten nichts vorweisen und zogen schließlich ab. Manchmal ist Gott nützlich. Die Arbeiter fürchteten sich wohl vor ihm und seinem Zorn, wenn sie die Anweisungen der Nonne nicht respektiert hätten. Doch Gott hat in Indien alle Hände voll zu tun und muss immer gleich weiter zur nächsten Krise. Das Drama in Sonus Wohnviertel war damit nicht zu Ende.

Wieso? Was passierte dann?

Doch bevor Jacob antworten kann, tritt Gefängnisdirektor Shamsher Singh hinter ihn und klopft ihm kameradschaftlich auf die Schulter. Jacob zieht reflexartig den Kopf ein, macht sich in der Anwesenheit des Direktors ganz klein, wird unterwürfig. Überlebensstrategie im Gefängnis, denke ich. Man lernt, im richtigen Moment den Kopf einzuziehen, sich kleiner zu machen, als man ist. Wie würdelos das wirkt. Im Gefängnis mag einem diese Taktik das Leben retten. Und auch in der Welt draußen versuchen Leute so, ihre Jobs zu retten, oft schon bevor die Gefahr droht. Wären wir doch alle ein bisschen mehr wie Schwester Suma, denke ich, bevor Jacob die Hand zum Gruß hebt und aus dem Besuchertrakt verschwindet.

Mich bittet Singh in sein Büro zum Tee. Er spricht über den letzten Bollywoodfilm, neue Bars in der Stadt, gute Restaurants. Ich lache viel, stelle freundliche Fragen. Erst als ich Singhs Büro verlasse, denke ich: Wieso habe ich denn so viel gelacht? Ist das nicht auch nur eine Art, den Kopf einzuziehen? Wieso bin ich nicht einfach aufgestanden und gegangen? Auf dem Weg nach draußen steckt mir ein Polizist Jacobs Briefe zu. Er lächelt mir dabei freundlich zu. Ob ihm Jacob etwas für seinen Kurierdienst bezahlt hat, frage ich mich und lasse die Briefe schnell in meine Tasche gleiten. Ob man den Glauben an das Gute verliert, wenn man zu lange in diesem Gefängnis lebt? Selbst ich scheine bereits nach kurzer Zeit die Logik von Tihar verinnerlicht zu haben. Wie aber machen das die Nonnen, die den Gefangenen mit so viel Liebe begegnen und dabei deren Anliegen mit so viel Hartnäckigkeit gegenüber der Gefängnisleitung verteidigen? Wie behaupten sie sich in dieser sexistischen Männerwelt? Darüber will ich gern mit den Nonnen sprechen, über ihre Arbeit und das Tihar-Gefängnis. Aber sie winken nur ab, als ich sie frage. Lieber solle ich mit ihrem Chef sprechen, Colin Gonsalves, dem Gründer der NGO. Ich hätte mich lieber mit den Schwestern unterhalten. Sie sind es, die den direkten Kontakt zu den Gefangenen haben. Sie sind es auch, die sich täglich einen Weg durch dieses marode indische Justizsystem bahnen müssen und dabei von den Mächtigen belächelt, manchmal sogar bedrängt werden. Dass sie ihre Zeit lieber den Gefangenen schenken als mir, verstehe ich. Dass sie mich an ihren Chef verweisen, ist jedoch auch Ausdruck einer

Gesellschaft, die klaren Hierarchien folgt, Hierarchien, in denen viele Frauen immer noch wenig sagen und viel arbeiten, während die Männer Chai trinken und anderen die Welt erklären.

## Neu-Delhi, 1. Dezember 2011 – Der Menschenrechtsanwalt

Colin Gonsalves vertritt Fälle am Supreme Court, dem obersten Gericht Indiens, und kennt das Justizsystem in- und auswendig. Als ich den Sitz der NGO in Neu-Delhi suche, wird mir schnell klar, dass es sich dabei um keinen luxuriösen Bürokomplex mit Glasfassaden und teurem Mobiliar handeln kann, wie bei einer Anwaltskanzlei in Zürich. Das Büro befindet sich in Jangpura, im Süden der Stadt. Hier hängen die Stromleitungen wie große Spaghettiknäuel tief über den schmutzigen Gehwegen, auf denen überquellende Container stehen. Straßenhunde wühlen im Müll. Eine Moschee und ein Hindutempel liegen in unmittelbarer Nähe der NGO, und die Nachbarhäuser stehen so eng, dass die Büros selbst am Tag mit Kunstlicht erhellt werden müssen.

Gonsalves sitzt vor einer Wand, die von vollen Bücherregalen verdeckt wird. Wenn er spricht, untermalt er seine Sätze in der Luft mit seinen langen Fingern. Eigentlich sei er Bauingenieur, sagt er, sein Herz habe jedoch schon immer für die Unterdrückten geschlagen. Deshalb habe er nach dem Studium am Indian Institute of Technology Bombay ab 1979 noch Rechtswissenschaften studiert. Als Anwalt könne er besser für mehr Gerechtigkeit im Land und die Rechte der Ärmsten kämpfen, glaubte er. Zuerst arbeitete er in den Slums und versuchte dort die Bulldozer aufzuhalten und die Anordnungen der Regierung zu verhindern. Die wollte anstelle der Slums lieber Einkaufszentren und luxuriöse Wohnsiedlungen in ihren Städten. Wurden die Slums plattgewalzt, wurden ihre Bewohner an den Stadtrand gedrängt. So verloren die, die bereits arm waren, nicht nur ihr Zuhause, sondern auch die Möglichkeit, in den Vierteln der Reichen als Abfallsammler, Straßenhändler oder Haushaltsangestellte ein bescheidenes Einkommen zu verdienen. Deshalb klammerten sie sich an Menschen wie Colin Gonsalves, die sowohl die Realität der Reichen als auch jene der Armen kannten, sich aber entschieden hatten, für die Rechte der Armen zu kämpfen. Gonsalves erzählt von jener Zeit, von den größten Ungerechtigkeiten, den grausamsten Erlebnissen in ruhiger, leicht nasaler Stimme und lächelt dabei. Muss einer lächeln können, trotz allem lächeln können, um wie Gonsalves jahrzehntelang gegen die systematische Ungerechtigkeit, wie sie in Indien überall sichtbar ist, kämpfen zu können, frage ich mich. Oder ist das Lächeln vielleicht bloß Gonsalves Versuch, seine eigene Verzweiflung zu überspielen? Sein Kampf beschränkte sich nicht auf die Slums. Der Anwalt engagierte sich auch in den Gewerkschaften. In seinem ersten Fall kämpfte er für 5000 Arbeiter, die ihren Job verloren hatten. 1983 gründete Gonsalves dann seine eigene NGO, das Human Rights Law Network. Heute vertreten mehr als 200 Anwältinnen und Anwälte der NGO in ganz Indien die Rechte der Ärmsten: Slumbewohner, Kastenlose, Prostituierte, Tagelöhner, Indigene, Kranke und Behinderte, Frauen und Kinder, die Menschenhändlern zum Opfer gefallen sind. Sie tun das gratis, finanziert durch Spenden oder Beiträge von Klienten, die sich die Anwaltskosten leisten können. Jeder in Indien habe zwar das Recht auf einen Anwalt, sagt Gonsalves, aber: Pflichtanwälte seien schlecht ausgebildet, schlecht bezahlt und engagierten sich deshalb nicht für ihre Klienten. Sie erschienen vor Gericht, wann immer es ihnen gerade passe, oder eben gar nicht. »Viele Anwälte und auch Richter sehen die Armen als bloße Zeitverschwendung, als Menschen, für die man sich nicht einsetzen muss«, sagt Gonsalves. Wer also kein Geld besitzt, hat auch schlechte Karten vor Gericht und noch schlechtere im Gefängnis. Die Vipassana-Meditation, die Bäckerei, das Malatelier im Tihar-Gefängnis – alles bloße Fassade, um Folter, Schläge und sexuelle Übergriffe zu verdecken, die bis heute noch in Tihar existieren. »Nur raffinierter versteckt als früher«, sagt Gonsalves und bestätigt damit, was bereits die Gefängnisreformerin Kiran

Bedi gesagt und Jacob in seinen Briefen beschrieben hat.

Irgendwie beruhigt mich das. Wenn das stimmt, dann stimmt vielleicht auch der Rest, den mir Jacob erzählt und den ich am Ende doch nie ganz überprüfen, nur quervergleichen kann.

Im Vergleich zu anderen Gefängnissen im Land sei Tihar jedoch ein Fünf-Sterne-Hotel, fährt Gonsalves fort. Tihar werde, anders als die anderen Gefängnisse, zumindest von Menschenrechtsanwälten und NGO-Vertretern besucht: »Die Gefängnisadministration lässt uns arbeiten, solange wir uns still um die Gefangenen kümmern, sie vertreten und dafür einstehen, dass sie auf Kaution freikommen. Sobald wir aber die Gewalt, Ausbeutung und Erpressung im Gefängnis anprangern, wird auch uns der Zugang verwehrt.« Ihre Arbeit werde so zum Balanceakt in einem zermürbenden System.

Und was erwartet nun Jacob? Noch weitere Jahre der Ungewissheit, ob er in die USA ausgeliefert wird oder freikommt? Jacobs Fall sei eine eigenartige Geschichte, sagt Gonsalves. Jacob habe bereits mehr als drei Jahre im Gefängnis verbracht, während seine Mitangeklagten in den USA ihre Strafe nach wenigen Monaten abgesessen hätten – trotzdem verlangten die USA noch immer Jacobs Auslieferung. Wieso die amerikanischen Justizbehörden die drei Jahre, die Jacob hier bereits hinter Gittern saß, nicht anerkannten und es gut sein ließen, wieso Indien den Amerikanern nicht die Stirn böte, fragt sich Gonsalves und beantwortet die Frage gleich selbst: »Die USA benehmen sich wie ein Kaiserreich, das seinen Vasallenstaat herumkommandiert.« Das Schlimmste dabei sei: Indien lasse sich das gefallen. Ich denke: Herrscher und Beherrschte, Kolonialisten und Untertanen, ein Verhältnis, das über Generationen verinnerlicht wurde und bis heute fortbesteht, obwohl es ja nicht einmal die Amerikaner, sondern die Engländer waren, die den Subkontinent kolonialisiert hatten. Gonsalves scheint meine Gedanken zu lesen und beginnt über das Erbe der englischen Kolonialherren zu sprechen. Noch immer existiere dieses koloniale Denken, dass die Armen, die Landlosen, die Menschen niederer Kasten keine Rechte haben. »Heute sind es nicht die Engländer, die so denken, sondern die, die ihre Plätze eingenommen haben: Richter, Geschäftsleute, Politiker«, sagt Gonsalves und bestätigt gleich noch einmal, was Jacob bereits gesagt hatte. Sie glaubten, wer für die Armen einstehe, für ihr Land und ihre Rechte, verhindere die Entwicklung im Land. Für sie bedeute Entwicklung einzig wirtschaftliches Wachstum. Doch Millionen von Menschen in diesem Land können davon nicht profitieren. »Deshalb brauchen wir eine Revolution, um das zu ändern.«

Den Glauben an ein gerechtes System hat Gonsalves aufgegeben. Wie motiviert sich einer, der in einem Haus lebt und arbeitet, an dessen Fundament er nicht mehr glaubt? »Wir sind wie Ärzte, die aufblühen, wenn andere krank sind, weil sie dann gebraucht werden«, sagt der Anwalt und lächelt wieder. Ihn und all die anderen Menschenrechtsanwälte brauche es, weil die indische Gesellschaft gebrochen und krank sei und sie sich um die Patienten kümmern müssten. »Ich habe keine Hoffnung, dass sich etwas grundsätzlich ändern wird. Das Einzige, was ich habe, ist Geduld und Mitgefühl für meine Patienten«, sagt er. Ein Lächeln aus Mitgefühl also, denke ich und: Vielleicht sind er und seine Anwältinnen und Anwälte wie Balsam für die Verwundeten. Manchmal gelingt es ihnen tatsächlich, jemandem zu helfen. Das ist dann wie ein Wunder, eine Wunde, die heilen kann.

## Tihar, 15. Dezember 2011 – Brief von Jacob

Liebe Karin,

heute fühle ich mich stumpf. Drei Jahre Gefängnis haben meinen Geist zermürbt. Ich habe versucht, mich der Dunkelheit und der Einsamkeit anzupassen. Ich sage mir, andere haben Schlimmeres durchgemacht. Ich denke, Schmerz gehört zum Leben. Ich will den Schmerz und meine Einsamkeit in Worte fassen, aber wenn ich nach ihnen suche, dann finde ich nur Leere. Ich konzentriere mich auf meinen Atem, suche nach seiner Gesellschaft, wenn ich mich von allen anderen verlassen fühle. Ich will spüren, dass ich noch lebe, überlebe. Doch dann kommen die Dämonen. Tag für Tag kämpfe ich gegen sie, diese dunklen Schatten, die meine Seele umklammern. Werde ich je rauskommen? Und wenn ja, werden mich die Dämonen dann verfolgen? Werde ich ausgeliefert oder komme ich tatsächlich frei? Wie wird es draußen sein, in der richtigen Welt? Ich, der Single, der Ex-Gefangene. Wer will einen wie mich? Beschädigt und verletzt. Hier drinnen werden Frauen zum Phantom. Unberührbar. Zärtlichkeit ist nicht käuflich.

Das ist der Gefängnis-Film: in Endlosschleifen in

den eigenen Abgründen herumirren, dann plötzlich wieder hinausgeschleudert werden, in die fremden Dramen. Ich habe vor ein paar Tagen einen Toten gesehen. Ich kannte ihn kaum, aber am Morgen war er tot, abgestochen, und niemand hat um ihn geweint. Jeder ist verletzlich hinter diesen Mauern. Wie viele Leben hat ein Mensch? Vielleicht so viele wie Katzen? Neun Katzenleben sagen wir in den USA, ihr Europäer gebt ihnen nur sieben. Ich will nicht einmal sieben Leben. Ich will nur eines – in Freiheit!

Heute ist kein Tag zum Schreiben. Ich versuche es an einem anderen Tag wieder.

Mach's gut

Jacob

Ein Verwundeter, denke ich, und der Balsam von Schwester Suma reicht nicht mehr. Ich erinnere mich an meine eigenen Verwundungen. Momente, in denen ich in den Endlosschleifen meiner Abgründe gefangen war. Was hat mir damals geholfen? Es waren immer Menschen, die zuhörten, einfach nur da waren, vielleicht ihren Arm um meine Schulter legten. Dieses Mitgefühl war Licht genug, um meine eigene Dunkelheit zu erhellen. Dann versuchten sie mich, wie eine Katze aus ihrem Versteck, langsam mit einer Geschichte aus meiner dunklen Ecke hervorzulocken, die Neugier auf die Welt in mir zu wecken. Sie halfen mir, meine kleine, eingestürzte Welt dank der großen, vielversprechenden zu vergessen. Das ist es, wie uns Reisen, und seien es nur Reisen, wie wir sie durch Bücher, Briefe oder Filme erleben, bereichern. Nicht wir selbst stehen mehr im Zentrum der Welt, sondern wir brechen auf, um sie zu erkunden, den Fokus auf anderes und andere zu richten als auf uns. Grund genug, Jacob weiter Briefe zu schreiben, egal wohin diese Geschichte führt.

## Neu-Delhi, 19. Dezember 2011 – Gerichtsverhandlung

In den Gängen des Bezirksgerichts Patiala House in Neu-Delhi sitzen Notare, die für ein paar Rupien ihre Dienste anbieten: Sie schreiben auf klapprigen Schreibmaschinen Gesuche und Bittschriften. Andere kopieren den ganzen Tag Dossiers für die Anwälte, die in ihren Talaren herumflitzen. Ich bin gekommen, um bei einer von Jacobs Verhandlungen dabei zu sein, um da zu sein. Es ist ernüchternd.

Schwester Suma und der blinde Pankaj stehen im Gerichtssaal und warten. »Jacob hat mir von dem Vorfall vor Sonus Haus erzählt, von den Bulldozern und Ihrer mutigen Aktion. Was ist danach passiert?«, frage ich die Schwester. Die Nonne seufzt: »Als die Bulldozer weg waren, rief ich einen Anwalt unserer NGO an und wir gingen zusammen zum nächsten Polizeiposten. Wir wollten die Männer, die für die Zerstörung verantwortlich waren, anzeigen. Doch die Polizisten weigerten sich, die Anzeige aufzunehmen. Sie sagten, das sei alles mit rechten Dingen zugegangen, die Bezirksregierung sei informiert und habe den Abriss angeordnet. Schließlich lebten die Leute dort alle illegal auf kommunalem Land. Doch Beweise konnten die

Polizisten keine vorlegen.« Schwester Suma und ihr Kollege ließen sich nicht abwimmeln. Da seien die Polizisten wütend geworden, hätten der Nonne und dem Anwalt vorgeworfen, sich in Angelegenheiten einzumischen, die sie nichts angingen. »Sie wollten uns aus der Polizeistation werfen, doch wir wehrten uns. Sie packten uns und wollten uns einsperren. Dann ließen sie von mir ab, aber meinen Kollegen schlugen sie grün und blau und brachen ihm die Hand.«

Auf einmal kommt Bewegung in den Gerichtssaal. Jacob wird mit zwei Stunden Verspätung vorgeführt. Die Anwälte stehen auf, eilen nach vorn und stellen sich vor den Richter, der sie von oben herab über den Brillenrand betrachtet. Er sitzt auf einem imposanten Stuhl, der mich an einen Thron erinnert. Die Anwälte argumentieren gegen die Auslieferung und die unverhältnismäßig lange Haft. »Jacobs Mitangeklagte in den USA sind nur zu drei Monaten verurteilt worden, während Jacob schon seit mehr als drei Jahren sitzt. Ist er nicht genug bestraft?«, fragt Schwester Suma und schaut den Richter herausfordernd an. Klein und zierlich steht sie in ihrem Ordensgewand vor dem fülligen Richter, der die massige Hand, ein Ring an beinahe jedem Finger, auf Jacobs Dossier gelegt hat, das so dick ist wie sein Unterarm lang. Nachdem auch der Staatsanwalt ein paar Worte gesagt hat, wird der Prozess vertagt, der Richter will zum Lunch. Ich suche nach einer Möglichkeit, Jacob in seinem Gefangenentrakt am Gericht zu sehen. Er wirkt niedergeschlagen. Ich möchte ihn am liebsten in den Arm nehmen, ihm wie einem Kind ein Lied vorsingen. Ich mache weder das eine noch das andere.

# Kurze Notiz im Dezember – Der Gefängnischef

Gefängnisvorsteher Shamsher Singh hat mich angerufen. Er sagte: »Nun, haben Sie am Wochenende schon etwas vor? Wir könnten essen und dann ins Kino gehen.« Es ist nicht das erste Mal, dass er anrief. Er hat es seit meinem ersten Besuch immer wieder versucht. Das ist also die Gegenleistung, die er so ganz selbstverständlich einfordert. Eines ist klar: Ich werde Jacob nicht mehr im Gefängnis besuchen, nur noch am Gericht. Dort hat Singh keinen Einfluss. Irgendwann wird er sich ein neues Opfer suchen. Bis dahin werde ich seine Anrufe einfach ignorieren und hoffen, dass meine Ablehnung keine negativen Konsequenzen für Jacob haben wird.

## Tihar, 20. Dezember 2011 – Brief von Jacob

Liebe Karin,

zuerst möchte ich mich bedanken. Ich hatte mich den ganzen Tag gefreut, dich zu sehen, oder viel mehr, ich hatte gehofft, dass du kommen würdest. Und dann warst du da und hast mir sogar ein Salamisandwich mitgebracht. Das hat mich mehrfach entschädigt für die lange, sinnlose Wartezeit und den nutzlosen Gerichtstermin. Wieder kein Urteil! Wieder Warten bis zum nächsten Termin! Aber dein Sandwich ... Wer in Freiheit lebt und jederzeit in Salami und frisches Brot beißen kann, weiß dieses Geschenk nicht zu schätzen. Für mich war es ein Stück Himmel. Alle Nerven in meinem Mund erwachten zum Leben. Als ob meine Sinne explodierten, so, so, so lecker! Verloren geglaubte Geschmacksempfindungen waren auf einmal wieder da. Ich weiß, das mag eigenartig klingen in deinen Ohren, aber glaub mir, die Süße eines Keks, der deftige Geschmack eines Lammcurrys, ein Stück Käse, das im Mund zerschmilzt, all das ist irgendwo in unserer Erinnerung gespeichert. Es ist wie eine Tätowierung deiner Sinne. Wenn du sie jeden Tag siehst, vergisst du sie. Erst wenn sie lange verborgen war, kannst du ihre

Schönheit und ihren Wert erkennen. Eine Salamitätowierung also!

Es tut mir auch leid, dass du so lange warten musstest, weil sie dich am Gericht nicht gleich in den Gefangenentrakt gelassen haben. Als mein Bruder hier war, musste er 1000 Rupien bezahlen, damit sie ihn einließen. Natürlich wusstest du das nicht! Deshalb habe ich den Polizisten 500 Rupien gegeben, als sie kamen und sagten, am Tor warte Besuch für mich. Man muss den richtigen Preis anfangs aushandeln, der steht ja nirgendwo geschrieben. Aber ohne Geld geht es auch hier nicht. Die Polizisten hier wissen, dass der Richter den Angehörigen höchstens zwanzig Minuten Besuchszeit erlauben würde, aber selbst die sind mit viel Papierkram verbunden. Mit Geld aber kannst du dir viele Stunden kaufen. Das Gericht ist deshalb der beste und einfachste Ort, um Treffen zu arrangieren. Wer genug bezahlt, kann vor oder nach dem Gerichtstermin sogar einen kleinen Abstecher in ein Restaurant oder zu sich nach Hause machen – sofern er für den Rücktransport ins Gefängnis wieder da ist. Der korrupte Politiker Kalmadi, den du heute auch gesehen hast, macht das oft. Je mehr du zahlst, desto mehr Möglichkeiten kriegst du, kannst Essen, Mobiltelefone, Zigaretten und anderes reinbringen und kannst, wie wir, im Gang auf den Steinstufen sitzen, während die anderen Gefangenen in der dunklen

Zelle am Ende des Ganges auf ihre Anhörung warten oder darauf, zurück ins Gefängnis gebracht zu werden. Unzählige Stunden habe ich bereits in dieser dunklen Zelle gewartet und durch die Gitterstäbe dem Treiben im Gang zugeschaut. Das Schlimmste war jeweils der Geruch von frisch gebratenem Huhn, das Angehörige reinbrachten und das vor unseren Augen verzehrt wurde. Wie sie sich jeweils die Finger leckten! Das ist Folter für die Geruchsnerven all jener, die nie besucht werden.

Ich hatte lange Zeit niemanden, der mich besuchen kam. Gefängnis ist eine einsame Sache. Als Gefangener gehörst du zum Abschaum der Gesellschaft. Die Welt hat dich vergessen. Wer dich einmal gekannt hat, verachtet und meidet dich jetzt, als hättest du eine ansteckende Krankheit. Wenn du in Freiheit lebst, sind Besuche keine große Sache. Für einen Gefangenen jedoch wird jeder Besuch zu einem Großereignis. Wenn ich etwa weiß, dass Schwester Suma oder du bei Gericht dabei sein werdet, bin ich so aufgeregt, dass ich mir Tage zuvor schon verschiedene Hemden bereitlege. Ich lasse mir die Haare schneiden und rasiere mich am frühen Morgen. All das tue ich für euch, für euer Lächeln, obwohl ich weiß, dass auch der anstehende Gerichtstermin kein Urteil bringen wird. Zu wissen, dass da draußen jemand ist, der an mich denkt, der mir ein Sandwich zubereitet oder einen Brief schreibt, macht es so viel einfacher, einen weiteren Tag im Gefängnis zu ertragen.

Hier machen sie jetzt auf Weihnachtsstimmung. Wir hatten eine kleine Weihnachtsfeier mit den Schwestern, doch die Feier endete beinahe im Desaster, weil Adam, der Auftragsmörder, und ich uns in die Haare kriegten. Wir haben seit einiger Zeit Probleme miteinander. Es begann mit den Nigerianern. Ich hab's dir doch gesagt oder geschrieben: Sie haben Adam zum Chef der Kirche ernannt. Stell dir das vor! Dieses menschliche Wrack, das keine Ahnung von der Bibel hat und nicht einmal ein Vaterunser beten kann. Aber er ist weiß, und wer weiß ist, hat automatisch einen höheren Status und mehr Macht. Deshalb soll er nun die Anliegen der Kirchengemeinde im Gefängnis gegenüber der Gefängnisverwaltung vertreten. Eine schlechte Idee. Hab ihm gesagt, er sei ein elender Heuchler. Als ich mich dann nach der Feier mit Schwester Salomi und den anderen Schwestern unterhielt und mit ihnen scherzte – die meisten kommen wie ich aus Kerala und mögen mich –, starrte mich Adam unentwegt an. Irgendetwas schien ihn zu ärgern. Auf einmal kam er über den Platz, rempelte mich an und sagte, ich solle die Schwestern nicht belästigen. »Sieh mal an, wer hier kommt, der Versager!«, antwortete ich, und er lief rot an im Gesicht und hob die Faust. Es kam fast zur Schlägerei, nur weil die Nonnen neben uns standen, hielt ich mich zurück. Ich bin froh, wenn Adam endlich weg ist. Lange kann es nicht mehr dauern. Das Gericht hat seiner Auslieferung inzwischen zugestimmt.

Nach dem Zusammenstoß mit Adam kam Vikas in meine Zelle. Wir gingen zusammen spazieren. Er spricht wenig, aber er stellt viele Fragen. Er will wissen, wie das Leben in Amerika war, ob ich wieder nach Dubai zurück will und was ich dort machen würde. Nach dem Spaziergang malte ich zwei Stunden an einem Bild und dann aßen wir ein Palak Paneer, Spinat mit Frischkäse und Reis, das Vikas zubereitet hatte, und schauten fern.

Von Sonu gibt es nicht viel Neues. Schwester Suma erzählte mir, dass ein paar Menschenrechtsanwälte gemeinsam gegen die Polizei Klage eingereicht hätten nach dem Debakel auf der Polizeistation und der Zerstörung in Sonus Quartier. Der Polizist, der Schwester Sumas Kollegen die Hand gebrochen hat, ist inzwischen vom Dienst suspendiert worden. Der Fall liegt jetzt vor Gericht. Ich will mir gar nicht vorstellen, was passiert wäre, wenn Schwester Suma nicht zur rechten Zeit vor Sonus Haus erschienen wäre. Und was wäre geschehen, wenn Sonu nicht im Gefängnis, sondern zu Hause gewesen wäre? Hätten die Bulldozer dann auch sein Haus platt gemacht und ihn mit ihren Zangen und Baggerschaufeln aus dem Rollstuhl gehoben und auf die Trümmer geworfen? Schwester Suma ist ein Geschenk des Himmels.

Von Santosh weiß ich nichts Neues. Als sie ihn hier abholten, war er nur noch Haut und Knochen. Ich hoffe, sie versorgen ihn gut im Krankenhaus und er kommt bald zu uns zurück oder noch besser frei.

Was macht übrigens Rajapaksa? Hübsch ist er mit seinem fuchsroten Fell, das Foto sah toll aus. Ich hoffe, ich sehe ihn, wenn ich rauskomme – falls ich je rauskomme. Ich habe die Box mit meinen kleinen Kätzchen vor die Tür gestellt, weil meine Allergie immer schlimmer wurde. In den letzten Nächten haben die Katzen, die überall hier herumschleichen, jämmerlich geschrien in unserem Trakt. Es klang, als würden sie vergewaltigt. Viele Gefangene sind abergläubisch und sagen, der Katzenlärm sei ein schlechtes Omen. Einer erzählte, die Katzen hätten genauso geschrien, bevor er das letzte Mal auf Bewährung freigekommen sei. Zu Hause angelangt, habe er einen toten Hund in seinem Garten gefunden, da sei ihm klar gewesen, dass seine Zeit in der Freiheit begrenzt sei. Statt die Tiere anständig zu füttern oder zu verjagen, gehen die Gefangenen den Katzen nun aus dem Weg. Ich glaube nicht mehr an schlechte oder gute Omen. Zu lange bin ich jedes Mal in Panik verfallen, wenn ich die Zahl 666 im Fernsehen, auf Nummernschildern oder Telefonrechnungen gesehen habe. Humbug ist das. Wer so was verbreitet, müsste selbst ins Gefängnis.

Jetzt werde ich meine Kleider bereitlegen, damit ich morgen präsentabel bin. Vielleicht bist du ja da und bringst mir wieder ein Sandwich zum Gericht. Das wäre schön.

Gute Nacht

Jacob

## Neu-Delhi, 9. Januar 2012 – Gerichtsverhandlung

Die Richter haben auch heute nichts entschieden. Ich habe den Polizisten im Gefangenentrakt Schokoladecroissants mitgebracht, damit sie mich zu Jacob lassen. Wahrscheinlich war es teurer, Croissants zu kaufen, als wenn ich die Polizisten mit Geld bestochen hätte. Es ist mein kleiner, süßer Selbstbetrug, zu glauben, Bestechung mit Schokoladecroissants sei keine Bestechung. Trotzdem fühlt es sich besser an. Ich erkaufe mir Zeit mit Jacob mit Schokolade.

# Neu-Delhi, 12. Januar 2012 –
# Der Ex-Minister und sein Sohn

Mit dem Thema Zeit habe ich mich in den letzten Tagen ziemlich viel beschäftigt. »Gib mir zwei Minuten«, sagen wir, wenn wir noch kurz etwas zu Ende bringen möchten, um dann etwas Neues zu beginnen. Zwei Minuten, 120 Sekunden, die Zeit, um innezuhalten und sich dann neu zu orientieren. Zwei Minuten, die Zeit auch, die ein Richter an einem indischen Bezirksgericht im Schnitt an einem Tag pro Fall aufwendet. Das zumindest ist in den Statistiken der Organisation DAKSH, die mit ihren Studien mehr Transparenz in die Arbeitsvorgänge der indischen Regierung und Justiz bringen will, nachzulesen. Zwei Minuten! Weil das Justizsystem notorisch überlastet ist. Manche Verfahren über Grundstücke und Häuser werden von einer Generation eingeleitet und sind zwei Generationen später noch immer nicht entschieden. Es gibt 80 Jahre alte Fälle, die weiter verhandelt werden. In offiziellen Statistiken habe ich gelesen, dass mehr als 22 Millionen Verfahren in den Bezirksgerichten anhängig sind, fast fünf Millionen im High Court und mehr als 60 000 im Supreme Court. In den Bezirksgerichten dauert die Verhandlung eines Falls im Schnitt beinahe sechs Jahre, in den High Courts etwas mehr als drei Jahre. Manche Häftlinge verbringen mehr Zeit in Untersuchungshaft, als das Gesetz als Maximalstrafe für ihren Fall vorsieht. Und es gibt Schätzungen, denen zufolge es weit über 400 Jahre dauern würde, bis alle derzeitigen Fälle am Obersten Gericht abgearbeitet wären. »Wie konnte das indische Justizsystem so verrotten?«, frage ich meine indischen Kolleginnen. »Frag die Bhushans, die können solche Fragen beantworten«, antworten sie.

In Shanti Bhushans großzügigem Wohnzimmer serviert eine Hausangestellte Nimbu Pani, stark gesüßte Zitronenlimonade, und trägt Salzgebäck auf. Der 87-jährige Anwalt Shanti Bhushan war Mitte der Siebzigerjahre Indiens Justizminister. Sein Sohn Prashant ist, wie auch sein Vater, Anwalt, arbeitet am Supreme Court und engagiert sich außerdem in der Antikorruptionsbewegung des indischen Bürgerrechtlers Anna Hazare.

Nachdem die Briten abgezogen seien, habe das Justizsystem eine Zeitlang ganz ordentlich funktioniert. Erst mit der wirtschaftlichen Öffnung des Landes Anfang der 1990er-Jahre habe sich die Korruption wie ein Krebs im Justizsystem, ja im ganzen Land verbreitet, sind sich Vater und Sohn einig. Mit der wirtschaftlichen Öffnung stiegen die Einkommen von Firmen und Privatpersonen und so auch die Gewinne und Verluste, die sie machen konnten. Auf einmal ging es in den Prozessen nicht mehr um einige Hunderttausend Rupien, sondern um Millionen.

»Die Gier der Kläger wuchs, aber auch jene der Richter und damit die Korruption im Justizsystem«, sagt der ehemalige Justizminister und trinkt einen Schluck Limonade. Gleichzeitig sei das Risiko klein, dass Korruption mit Gefängnis bestraft werde. »Viele Anwälte spielen den Geldkurier«, sagt Shanti Bushan. In den unteren Gerichten sei Korruption weiter verbreitet als in den oberen Instanzen, aber selbst am Supreme Court gebe es korrupte Richter, ergänzt sein Sohn Prashant. Das Justizsystem in Indien sei heute schlichtweg funktionsunfähig. Weniger als ein Prozent der Bevölkerung habe Zugang zu den Gerichten. Diese Leute könnten sich, im Gegensatz zu den Armen, Gerechtigkeit erkaufen, der Rest schmore im Gefängnis. Richter urteilten, ohne den Fall wirklich zu verstehen und je nach Höhe des Schmiergelds, das sie geboten bekämen. Ab und zu werden korrupte Richter erwischt. Genau das passiert wenige Monate nach meinem Treffen mit den Bushans, im Sommer 2012, in Andhra Pradesh, wo drei Richter verhaftet werden. Sie sollen Schmiergelder in Millionenhöhe vom Industriemagnaten und Politiker Gali Janardhana Reddy verlangt und erhalten haben. Reddy, ein ehemaliger Minister für Tourismus und Infrastruktur in Karnataka, sitzt seit 2011 wegen illegaler Bergbaugeschäfte im Gefängnis und wollte seine Freilassung auf Kaution erkaufen. Anklagen von Politikern und Richtern seien jedoch eine Seltenheit, sagt Prashant Bhushan, denn eigentlich sei die Regierung ganz zufrieden mit diesem von Korruption und Ineffizienz zerfressenen Justizsystem: »Ein korrupter Richter wird keinen korrupten Regierungsbeamten belasten und verurteilen, und ein korrupter Beamter hat kein Interesse an einer starken und fairen Justiz. Eine Hand wäscht die andere.« Für schnellere Urteile brauche es mehr Personal, bessere Ausbildung und Bezahlung von Anwälten und Richtern. Ein faireres System bedinge mehr Kontrolle und Strafen, wo nötig. Die Bushans fordern eine Gesamtreform des Justizsystems, aber die werde nicht kommen, wenn es keine Massenbewegung gebe, die sie einfordere. Prashant Bhushan kämpft deshalb selbst an vorderster Front der Antikorruptionsbewegung. Der Sozialaktivist Anna Hazare, der die Bewegung anführt, hat bereits Hunderttausende von Anhängern um sich geschart. Ganz nach der Lehre Mahatma Gandhis setzt sich Hazare seit Jahrzehnten in den Dörfern Indiens für nachhaltige Landwirtschaft, mehr soziale Gerechtigkeit und Transparenz ein. Im April 2011 trat der asketische alte Mann in den Hungerstreik und forderte so und mit der Unterstützung seiner Anhänger schärfere Antikorruptionsgesetze. Das Parlament legte schließlich einen Gesetzesentwurf vor, doch dieser genügte Hazare nicht. Im August desselben Jahres trat er erneut in den Hungerstreik, diesmal ließ ihn die Regierung verhaften. Doch der Alte blieb stur und setzte seinen Hungerstreik im Gefängnis fort, bis das Parlament eine unabhängige Behörde schuf, die Minister, Abgeordnete und Beamte in Zukunft überwachen soll. Wieder in Freiheit, beendete Hazare öffentlich im Zentrum von Neu-Delhi mit ein paar Schlucken Kokosmilch und Honig seinen Hungerstreik. Zehntausende jubelten ihm zu.

Ich aber frage mich, während ich vor dem Bungalow der Bhushans auf ein Taxi warte, ob das Land nicht bereits genügend gute Gesetze hat. Was nützen sie, wenn sie nicht umgesetzt werden? Bräuchte es nicht vielmehr einen Bewusstseinswandel, das Eingeständnis, dass alle gleich sind vor dem Gesetz? Doch wie erreicht man das? Auch wenn vielleicht in Zukunft ein korrupter Minister oder Richter mehr verhaftet wird, für die Mehrheit der Angeklagten wird die ihnen gewidmete Aufmerksamkeit bei zwei Minuten bleiben, denke ich, als ich ins Taxi steige. Es ist ein uraltes schwarz-gelbes Ambassador-Taxi. Wahrscheinlich hätte es schon längst überholt oder verschrottet werden müssen, aber mit radikalen Generalüberholungen tut man sich in Indien schwer. Machterhalt in dieser sogenannten größten Demokratie der Welt bedeutet Kompromisse,

Verwässerung, Hände, die einander waschen. Im Fall des Taxifahrers fehlte wahrscheinlich einfach das Geld, wie in den meisten Fällen der sogenannten kleinen Leute.

## Neu-Delhi, 19. Januar 2012 – Der korrupte Politiker

Als ich mich durch die Webseite der BBC klicke, fällt mir sofort ein Artikel mit dem Titel »Bail for Delhi Commowealth Games chief Suresh Kalmadi« vom selben Tag auf, den ich hier übersetzt und gekürzt wiedergebe:

Suresh Kalmadi, Chef der Commonwealth Games, kommt auf Kaution frei.

Der High Court in Indiens Hauptstadt Neu-Delhi hat Suresh Kalmadi, den in Ungnade gefallenen ehemaligen Chef der Commonwealth Games 2010, auf Kaution freigelassen.

Herr Kalmadi war seit April im Gefängnis. Er ist angeklagt, mit Firmen geheime Absprachen bei der Vertragsvergabe für die Spiele getroffen zu haben. (...) Die indische Bundespolizei hat Herrn Kalmadi verhaften lassen, da er einer Schweizer Firma den Auftrag für Zeitmessgeräte und weitere Ausrüstung für die Spiele gegeben hatte – als Gegenleistung für Gefälligkeiten. Falls Kalmadi schuldig gesprochen wird, drohen ihm Jahre im Gefängnis. Herr Kalmadi bestreitet jede Schuld. (...) Die Kaution wurde vom

Gericht auf 500 000 Rupien, 10 000 US-Dollar festgelegt.

Ich denke an Jacobs Worte: »Kalmadis Betrügereien waren einfach zu offensichtlich.« Anscheinend doch nicht offensichtlich genug, um ihn in seiner luxuriösen Zelle mit dem westlichen Klo zu behalten. Ob ihm Vorsteher Singh oder Gefängnissprecher Sunil Gupta oder beide zusammen auf die Schulter geklopft und ihn dann Paan kauend in die Freiheit entlassen haben? Oder erfolgte seine Entlassung still und ohne Verabschiedung?

Jacobs Fotoalbum

Studium
und Arbeit
in den USA
(1991 bis 2003)

Kindheit und Jugend
in Adschman und Dubai

Rückkehr nach Dubai
(2003 bis 2008)

Verhaftung in Mumbai
(September 2008)

Tihar-Gefängnis
Neu-Delhi
(2008 bis 2012)

Neu-Delhi
nach der Entlassung
(2012)

Neuanfang
als Geschäftsmann
in Neu-Delhi
(ab 2012)

Leben in Kerala
(ab 2016)

Hochzeit und Familie
(2020/2021)

## Tihar, 21. Januar 2012 – Brief von Jacob

Liebe Karin,

heute plante ich, dir einen langen Brief zu schreiben. Doch sobald ich mich hingesetzt hatte, um dir zu schreiben, stand schon der Erste bei mir in der Tür und bat mich, für ihn einen Antrag ans Gericht zu verfassen. So ging es den ganzen Tag, jetzt ist es spät, ich bin müde und sollte eigentlich schlafen. Aber morgen muss ich ans Gericht und kann dir den Brief bringen, also will ich dir doch noch ein paar wenige Zeilen über den heutigen Tag schreiben.

Am Nachmittag besuchte mich Radha in der Zelle. Im Gefängnis nennen wir ihn einfach den Buchhalter. Früher war er Polizist. Er sitzt seit 12 Jahren hier, und da er klug ist, hilft er der Gefängnisverwaltung mit der Buchhaltung. Er ist einer der nettesten und fleißigsten Gefangenen, die ich kenne. In all den Jahren gab es keine Beschwerden über ihn, und alle scheinen ihm zu trauen. Ich mag Radha, weil er immer etwas zu erzählen weiß, und er mag mich, weil ich ein guter Zuhörer bin. Frühmorgens und abends sehe ich ihn jeweils beim Tempel beten oder spirituelle Texte rezitieren. Er weiß viel über die heiligen hinduistischen Schriften, die Veden und die Bhagawadgita . Er erzählt mir, was die Schriften darüber sagen, wie ein Mensch mit seiner Umwelt und den Mitmenschen in Harmonie leben und wie er seine Fähigkeiten entdecken und sinnvoll nutzen kann. Wenn Radha gute Laune hat, erzählt er mir auch die Heldengeschichten von Krishna, einer Inkarnation des Gottes Vishnu. Er verkörpert Freude, Liebe und Weisheit. Von ihm gibt es viele Lausbubengeschichten, zum Beispiel wie er als frecher Knirps Butter und Milch stahl. Radha spielt die Szenen bei mir in der Zelle oder auf dem Hof nach und bringt uns Zuschauer alle zum Lachen.

Heute sagte Radha kein Wort über irgendeinen Gott. Er erzählte mir stattdessen von seiner Frau, ihren Eheproblemen und von seinem Mord. Er habe seine Frau geliebt, aber er habe ihre Gewohnheiten gehasst, ihr misstraut und immer geglaubt, sie wolle ihn vergiften. Eines Tages habe sie ihm Essen zubereitet. Da er nicht hungrig war, habe er es seinem Sohn weitergereicht. Seinem Sohn sei nach der Mahlzeit speiübel geworden und er habe sich vor Schmerzen gekrümmt. Für Radha war das Beweis genug, dass ihn seine Frau hatte umbringen wollen. Er drehte komplett durch. »Ich nahm ein Küchenmesser und erstach meine Frau vor den Augen meines Sohnes«, sagte er, und wie um seinen Worten Nachdruck zu verleihen, spielte er auch diese Szene, die sich zwölf Jahre zuvor in seiner Küche ereignet hatte, mit übertriebenen Grimassen und Gesten nach. Radha hob theatralisch das imaginäre Messer in die Luft, tat, als hielte er es seiner Frau an die Kehle, und begann zu säbeln. Er sprang in meiner Zelle herum, um zu zeigen, wohin das Blut spritze, dann riss er die Augen weit und panisch auf, als er erzählte, wie die Polizisten, mit denen er zusammengearbeitet hatte, in der Küche standen, schockiert über das Blutbad und ihn, ihren Kollegen, der verrückt geworden war. Er lachte irr und raufte sich die Haare, als er sich auf dem imaginären blutigen Küchenboden, meinem Zellenboden, wälzte. Und obwohl das alles grauenhaft war, konnte ich auch bei dieser Vorführung nicht an mich halten und begann zu lachen. Ich lachte und lachte, als schaute ich mir eben einen Halloweenfilm an, grauenhaft und grotesk komisch, aber am Ende eben nur ein Film. Dann brach Radhas Lachen abrupt ab. Lebenslänglich habe er bekommen, sagte er, genug Zeit, um über sein Verbrechen nachzudenken. »Ironischerweise«, fuhr er fort »habe ich im Gefängnis Frieden und eine Freiheit gefunden, die ich in meiner Ehe nie hatte.« Ob er wieder heiraten wolle, wenn er irgendwann das Gefängnis verlasse, habe ich ihn gefragt. »Niemals«, antwortete er, »wenn es so weit ist, ziehe ich in einen Ashram.« Dann verließ er meine Zelle.

Jetzt schäme ich mich für mein Gelächter. Ich habe

noch nie in meinem Leben über den Tod oder das Leid eines anderen Menschen gelacht, und was heute passiert ist, kann ich mir nicht erklären. Vielleicht war es für Radha der einzige Weg, das Schrecklichste, was er je im Leben getan hat, in eine Art Heldengeschichte, ähnlich jenen von Krishna, zu verpacken, um es so überhaupt erzählen zu können. Aber wieso habe ich darüber gelacht? War es, weil es hier wenig zu lachen gibt und wir uns deshalb wie Verzweifelte an alles klammern, was uns ein paar Momente der Erleichterung und Leichtigkeit verschaffen kann?

Nach seiner Tat wurde Radha einen Monat in eine geschlossene psychiatrische Anstalt gesteckt. Die Ärzte glaubten nicht, dass er je wieder normal werde. Der einzige Zeuge war sein Sohn, und der sagte gegen seinen Vater aus. Ich weiß nicht, ob die beiden noch Kontakt haben. Doch schau dir Radha heute an: ein Mustergefangener! Ich frage mich bloß, wie viele hier sich im Gefängnis freier fühlen als in der Welt, aus der sie kommen – und wie viele irr geworden sind, wenn sie es nicht schon waren.

Schlaf gut
Jacob

## Neu-Delhi, 15. Februar 2012 – Gerichtsverhandlung

Jacobs Anhörungen finden jetzt täglich statt, und ich versuche dabei zu sein, wann immer ich kann. Längst ist das kein rein journalistisches Projekt mehr. Ist er ein Freund? Eine interessante Geschichte? Ein Flirt? Ich weiß es nicht. Nur etwas ist für mich klar, jetzt kann ich nicht mehr einfach aussteigen. Danke für das Interview, die interessante Geschichte und tschüss. Das geht nicht mehr. Jede Geschichte, jede Person, auf die man sich wirklich einlässt, bedeutet Kontrollverlust. Es ist eine Reise ins Ungewisse, und genau deshalb ist sie spannend. Sich einzulassen bedeutet, auf diesem Hochseil namens Leben zu tanzen, immer bemüht, die richtige Balance zwischen Vertrauen, Loslassen und Kontrolle zu finden. Sich einzulassen ist der einzige Weg, etwas zu verstehen, das nicht offensichtlich an der Oberfläche liegt.

Und jetzt stehe ich wieder im Gerichtssaal und merke, wie auch in mir Wut aufsteigt, als der Richter schon wieder nicht anwesend ist. Wut, könnte man argumentieren, hat nichts zu suchen bei Recherchen in einer objektiven Berichterstattung. Objektivität, das ist ein inflationär missbrauchtes Wort für sogenannt seriösen Journalismus. Aber was genau ist Objektivität? So zu tun, als hätten alle zu gleichen Anteilen Macht, Stärke, Geld und Wissen, was mich als Schreibende dazu verpflichte, alle zu gleichen Teilen zu Wort kommen zu lassen? Eine Art Vereinte Nationen der Wortmeldungen, genauso bürokratisch und schwerfällig, genauso dominiert von den stärksten und ältesten Mitspielern, genauso blockiert, irgendeinen Entscheid zu fällen? Ich finde es ehrlicher, sich in eine Geschichte hineinzuspüren, um dann wiederzugeben, wie grotesk unausgeglichen unsere Welt ist.

Seit zwei Monaten erwarten Jacob und seine Anwälte den Entscheid des Richters, aber dieser sitzt nur selten auf seinem Thron, und wenn er da ist, beendet er die Verhandlung, die diesen Namen nicht wirklich verdient, meist nach wenigen Minuten und sagt: »Morgen geht's weiter.« Dafür werden die Treffen mit Jacob am Gericht einfacher. Das hat wenig mit dem neuen Polizeichef im Gefangenenbereich zu tun, dieser erlaubt die Besuche nämlich nicht mehr, aber viel mit dem Vertrauensverhältnis, das Jacob und ich in den vergangenen Wochen mit einzelnen Polizisten aufgebaut haben. Einer, er heißt Sandeep, hat besonderen Gefallen an uns gefunden. Wann immer ich an die Tür des Gefangenentrakts klopfe, frage ich nach Sandeep. Dann höre ich, wie einer laut über den kleinen Vorplatz brüllt: »Sandeep, die Ausländerin ist hier!« Sandeep kommt wenig später mit Jacob zurück, öffnet das laut quietschende Eisentor, schiebt Jacob durch die Öffnung und sagt: »Geh mit ihm in ein Restaurant, aber bring ihn rechtzeitig wieder zurück.«

Wir gehen ein paar Schritte und setzen uns dann in ein kleines Restaurant neben dem Gerichtsgebäude. Die Bedienung ist ruppig, die Tische sind klebrig, über den Boden huschen Kakerlaken. Jacob kümmert das nicht. Er starrt gedankenverloren auf den kleinen Teller vor ihm, auf dem ein paar ölige Pakoras, Zwiebelringe, Blumenkohl- und Kartoffelstücke, gewendet in Teig aus Kirchererbsenmehl und dann frittiert, langsam erkalten. Schließlich tunkt er ein Pakora in die Tamarindensauce, die in einem Plastikgefäß neben dem Teller steht, und steckt es sich in den Mund. Kauend sagt er: »Ganz am Anfang, als ich erst wenige Wochen im Gefängnis war, sagte ich zu meinem Anwalt: ›Es ist okay, wenn sie mich in die USA ausliefern. Ich werde ein paar Monate im Gefängnis sein, doch danach ist alles bereinigt und ich bin wieder ein freier Mann.‹ Der Anwalt riet mir damals davon ab, und ich ließ mich, dumm wie ich war, von ihm überzeugen. Hätte ich insistiert, wäre nun alles längst vorbei. Jetzt ist es für eine Auslieferung zu spät.« Der Richter scheint unentschlossen, wie er Jacobs Fall beenden soll. »Ich kann Sie freilassen, aber dann werden Sie nie mehr in die USA reisen können und auch sonst werden Sie sehr genau aufpassen müssen, wohin Sie reisen. Der internationale Haftbefehl besteht ja weiterhin. Oder ich kann Sie ausliefern, dann werden Sie wohl auch in Amerika eine Strafe absitzen müssen«, wog er die Vor- und Nachteile bei der letzten Anhörung gegeneinander ab, als sei es an Jacob zu entscheiden. Diese Welt ist nicht objektiv ausgeglichen. Hier irgendwas objektiv zu sehen oder wiederzugeben, wäre eine schlichte Lüge.

Jacob wirkt verzweifelt. »Wenn ich in die USA ausgeliefert würde, müsste ich wieder ins Gefängnis und niemand weiß, wie lange, aber danach könnte ich dieses Kapitel endlich abschließen. Ich frage mich nur: Überleben das meine Eltern?« Seine Mutter ist schwerkrank. Würde sie noch leben, wenn er vielleicht erst nach Jahren zurückkäme? »Ich kann das nicht riskieren, nicht nach all dem, was sie für mich getan haben«, sagt Jacob und wischt sich die fettigen Finger an seiner Hose ab.

Als wir eine Stunde später wieder am Tor stehen, öffnet uns Sandeep. Er will weder Geld noch Schokoladecroissants für seine großzügige Geste, sondern sagt bloß: »Vielleicht kann mir Jacob später helfen, in meinem Dorf eine Schule zu bauen. Private Schulen sind bitter nötig und heutzutage ein gutes Geschäft. In unserer öffentlichen Dorfschule ist der Lehrer seit Monaten nicht mehr zum Unterricht erschienen.«

Sandeep klopft Jacob aufmunternd auf den Rücken, dann donnert das Tor wieder ins Schloss. Ich hatte gedacht, wir hätten mit Sandeep wirklich eine Art Freundschaft geschlossen. Ich bin enttäuscht und fühle mich dabei lächerlich. Würde ich nicht dasselbe tun, wenn meine Kinder nicht in die Schule könnten?

## Tihar, 18. Februar 2012 – Brief von Jacob

Liebe Karin,

im Gericht habe ich einen Mann getroffen, der mit mir im Gefängnis war. Sein Freispruch hat ihn 100 000 US-Dollar gekostet. Er hat mir den Anwalt vermittelt, der solche Deals einfädelt, und ich habe ihn kontaktiert und bei einem meiner Gerichtstermine getroffen. Für meinen Fall will er 20 Lakh, um die 40 000 US-Dollar, wahrscheinlich würde auch die Hälfte reichen. Ich weiß, dass meine Eltern alles tun würden, um für mich das Geld zusammenzukratzen. Und ich weiß, dass ich wohl nie hier rauskommen werde, ohne dem Richter einen Gefallen zu tun. Aber wie kann ich sicher sein, dass das Geld wirklich in die Hände des Richters gelangt? Und wie weiß ich, ob er mich nicht ohnehin freispricht? Bloß wann, bei der nächsten Anhörung oder doch erst in fünf Jahren? Was würdest du an meiner Stelle tun?

Übrigens: Adam ist nun nach Deutschland ausgeliefert worden. Ich bin froh darüber und alle anderen sind es auch. Er war nichts anderes als ein brutaler Mörder.

Liebe Grüße, Jacob

PS: Und was die Kätzchen angeht: Ich habe mich all die letzten Wochen um sie gekümmert, auch wenn sie nicht mehr in meiner Zelle wohnten. Vor ein paar Tagen habe ich nur noch eines gefunden. Es wollte gestern in meine Zelle schleichen, doch just als es in meiner Zellentür stand, wurden die schweren Türen geschlossen und das Kätzchen wurde eingeklemmt. Ich habe es heute im Hof begraben. Auch Katzen haben nicht sieben Leben, neun schon gar nicht.

## Neu-Delhi, Ende Februar 2012 – Freiheit

Am 25. Februar, drei Jahre, fünf Monate und einen Tag nach seiner Verhaftung, wird Jacob mangels Beweisen freigesprochen und aus dem Gefängnis entlassen. Ich bin bei Jacobs Entlassung nicht dabei, weil ich auf Recherche bin, irgendwo in den Hügeln von Kaschmir. Am Abend von Jacobs Entlassung stirbt sein Freund Santosh im Krankenhaus in Neu-Delhi. Niemand von der Gefängnisverwaltung wird dafür angeklagt, dass sie es unterlassen haben, einem Kranken zu helfen. Niemand von ihnen steht um den Holzhaufen, als dieser angezündet wird und Santoshs magerer Körper von den Flammen verschlungen wird. Nur die Schwestern sind gekommen.

## Neu-Delhi, März 2012 – Alltag

Jacob kam zuerst im Kinderheim der Ordensschwestern unter, jetzt ist er in mein Gästezimmer eingezogen. Bis er sein Leben neu aufgegleist hat, kann er hier bleiben. Einige meiner Freunde denken, ich sei verrückt, ihn bei mir wohnen zu lassen, aber sie sehen in Jacob bloß einen Ex-Häftling, einen, der irgendein krummes Ding gedreht hat und deshalb weggesperrt wurde. Mir ist mittlerweile egal, ob Jacob mit Drogen gedealt hat oder nicht. Wir haben uns auf eine gemeinsame Reise gemacht und jetzt braucht er auf dieser Reise eine kleine Insel, auf der er das nötige Boot zimmern kann, um zum Festland zu fahren. Meine Wohnung ist eine perfekte Insel und Raja ist der beste Inselhund. Die erste gemeinsame Tat, die wir vollbringen, ist Raja auf der Terrasse zu waschen und zu schamponieren, bis seine langen, fuchsroten Haare weiß vor Schaum sind und ihm am Körper kleben, sodass er aussieht wie ein abgemagerter Fuchswelpe.

Den Tag beginnen wir jeweils mit Yoga und Meditation, danach sucht Jacob im Internet nach Arbeit und ich suche nach Geschichten. Wenn wir uns zum Abendessen wieder treffen, spricht Jacob lange nur über eines: seine Erlebnisse im Gefängnis und bei Gericht. Ich habe ihn gefragt, ob er am Ende bezahlt habe. Seine Antwort kam schnell und klang ein wenig, als ob er sich verteidigen wollte: »Natürlich! Wie, denkst du, wäre ich sonst freigekommen?« Er habe so lange verhandelt, bis sich der Anwalt mit der Hälfte der verlangten Summe zufriedengegeben habe. 10 Lakh, mehr als 20 000 US-Dollar. Ob das Geld je bei dem Richter ankam? Er weiß es nicht. »Hätte ich ihm nach seinem Urteil die Hand schütteln und fragen sollen: ›Was machen Sie jetzt mit meinen 10 Lakh? Ferien auf den Malediven?‹ Nein, das geht nicht. Dass ich jetzt frei bin, ist das Einzige, was zählt«, sagt er. Nach dem Urteil gratulierte der persönliche Mitarbeiter des Richters Jacob zum Urteil und zu seiner neu gewonnenen Freiheit. Doch dann habe er ihm mit großem Nachdruck gesagt: »Morgen kriegen Sie Ihren indischen Pass zurück. Nehmen Sie ihn und rennen Sie! Verlassen Sie Indien so schnell wie möglich.« Wie war das mit Al Pacino? »Wenn es heiß wird, hast du zehn Sekunden Zeit. Lauf!« Jacob holte den Pass, aber jetzt ist er immer noch da, in meiner Wohnung, und sagt: »Ich kann nicht ein Leben lang auf der Flucht sein. Ich schaff das nicht.«

Ich versuche Jacob bei der Rückkehr in ein normales Leben zu helfen. Wir gehen zusammen in Ausstellungen, ins Kino, zu Spaziergängen im Lodhi Garden, zu Partys, und ich stelle ihn meinen Freunden vor. Einige von ihnen kennen seine Geschichte, viele wissen nichts. Wenn Jacob sich auf einer Party mit einem Glas Gin Tonic in der Hand mit anderen Gästen unterhält, wirkt er wie ein Geschäftsmann, erfolgreich und selbstsicher. Doch im Taxi auf dem Weg nach Hause sagt er manchmal: »Jetzt bin ich frei. Man sieht mir nicht an, wer ich bin und woher ich komme. Das erstaunt mich manchmal selbst.« Was uns beide erstaunt: dass die Leute nicht fragen, wo er in den letzten drei Jahren gewesen ist. Dass sie sowieso so wenige Fragen stellen. Niemand scheint wirklich wissen zu wollen, wer der andere ist. Wir, Gefangene in unseren eigenen Orbits. Er sei früher auch so gewesen, sagt Jacob: »Wie vielen Ex-Häftlingen bin ich wohl damals begegnet, ohne es zu wissen?« Als ob man selbst eine Erfahrung gemacht haben müsste, um eine ähnliche Erfahrung in anderen zu erahnen. Nur manchmal kommt es vor, dass sich jemand genauer für Jacob interessiert, vielleicht aus einer Ahnung oder einfach nur aus Neugier auf eine andere Welt. Dann antwortet Jacob: »Ich habe dreieinhalb Jahre meditiert.« Und irgendwie stimmt das ja auch.

## Neu-Delhi, 20. Mai 2012 – Zurück auf Feld eins

Jacob ist ausgezogen und wohnt nun in einer kleinen Wohnung in Neu-Delhi, die Vikas' Familie gehört. Manchmal fragen mich Freunde: »War da was zwischen euch? Vielleicht ein kleines Liebesabenteuer? Er sieht doch verdammt gut aus, dieser Jacob!« Nein, keine Liebesbeziehung, kein Abenteuer, nicht einmal ein Kuss, antworte ich dann. Aber ja, da ist viel, so viel Verbundenheit und Vertrauen, dass weder er noch ich es wagten, das aufs Spiel zu setzen. Das ist das Eigenartige an der Liebe, wenn man so was Liebe nennen kann: Wenn man sich kaum kennt, scheint es einfacher zu sein, alles zu riskieren und durchzubrennen. Die Macht der Illusion scheint dann noch intakt, und noch könnte man einfach ins alte Leben zurückkehren, falls alles schiefgeht, Realität und Vorstellung zu sehr auseinanderklaffen. Doch all das geht nach vielen Monaten gemeinsamer Reise nicht mehr. Die beiden Leben sind dann bereits tief verflochten und jede Veränderung birgt das Risiko, dass alles reißt. Deshalb gibt es auch in unserer Beziehung nur kleine, äußere Veränderungen, aber niemals dieses absolute innere Zusammenrücken, mit dem man alles gewinnen oder alles verlieren kann.

So ist Jacob zwar ausgezogen, aber immer noch in meinem Leben. Inzwischen hat er auch seine Eltern in Kerala besucht, doch dort bleiben wollte er nicht. Ein Neuanfang, so glaubt er, sei einfacher in Neu-Delhi. Er hat nun seine eigene kleine Firma gegründet, programmiert Internetseiten und sucht Firmen, denen er Marketingstrategien verkaufen kann. Er verdient wenig, trotzdem hat er bereits einige Mitarbeiter angestellt. Sonu, der schließlich mit Schwester Sumas Hilfe doch noch einen Rollstuhl bekommen hatte, wurde vor einiger Zeit ebenfalls aus dem Gefängnis entlassen, und Jacob nahm ihn in sein neues Team auf – nicht wegen seiner Fähigkeiten, sondern mehr aus Mitleid und einem Gefühl von Verantwortung. So viel also zu Jacobs Vorsatz, wie er ihn in seinem ersten Brief an mich formuliert hat: »Ich habe mich längst entschieden und werde wohl mit keinem Einzigen hier Kontakt halten, sobald ich wieder frei bin.« Doch nach kurzer Zeit scheint Jacob ob Sonus Trägheit und Begriffsstutzigkeit zu verzweifeln, will ihn aber dennoch nicht entlassen. Dann kauft sich Sonu eine billige indische Pistole, Jacob erfährt davon, wird fuchsteufelswild und schmeißt Sonu aus dem Büro. Die Enttäuschung ist nicht zu überhören, als er sagt: »Endlich bin ich frei, und diese Freiheit will ich auf keinen Fall durch irgendeinen kleinen, idiotischen Gangster wieder verlieren – und genau das ist Sonu, ein kleiner, verfluchter

Straßenköter.« Jacob hat sich von Sonus Behinderung, seinen verkrüppelten Polio-Beinen, seinem Rollstuhl täuschen lassen, genau wie ich auch.

Jacobs große Freiheit hat eine kurze Halbwertszeit. Wenige Wochen nach seiner Entlassung gibt der Staatsanwalt Jacobs Fall weiter an den High Court. Jacob muss seinen Pass wieder abgeben und darf Indien nun nicht mehr verlassen. Diesmal denkt er nicht an Flucht. Diesmal beschließt er zu bleiben. Wo aber sollte er auch hin? Die USA fordern ja weiterhin seine Auslieferung, der internationale Haftbefehl bleibt bestehen.

## Kochi, 12. Februar 2016 – Wiedersehen

Vier Jahre sind seit Jacobs Entlassung vergangen. Er wohnt jetzt in Südindien im Haus seiner Eltern, weil ihm das Leben in Neu-Delhi zu teuer wurde. Ich bin nach Kerala geflogen, um Jacob zu besuchen. Er holt mich am Hotel in Kochi ab und wir spazieren zum Meer, wo wir uns auf eine Bank setzen. Vieles ist seit seiner Entlassung passiert: Seine Mutter ist gestorben und er lebt jetzt allein mit seinem Vater. Er ist Onkel geworden, doch seinen Bruder und dessen Familie hat er nicht mehr gesehen. Dann hat er viel Geld verloren, mehrere Zehntausend US-Dollar. Ein Ex-Gefangener hatte ihm hohen Profit versprochen, wenn er in sein Geschäft investiere. Jacob bat seinen Vater um das Geld, der nahm einen Kredit bei der Bank auf, Jacob investierte. Er sah keine Rupie mehr von dem Geld. Der Mann verspielte alles. »Ich habe meinem Vater nie gesagt, dass ich alles verloren habe, aber ich rackere mich nun Tag und Nacht ab, um ihm jede Rupie zurückzahlen zu können. Wenn mich mein Vater fragt: ›Sohn, wo ist jetzt der große Profit, den du versprochen hast?‹, dann sage ich: ›Keine Profite, Vater, es war ein Verlustgeschäft, aber du kriegst dein Geld zurück‹«, erzählt

Jacob mit brüchiger Stimme. Immer noch entwickelt er Homepages und koordiniert Internetauftritte von Firmen, und er hat auch damit angefangen, Schmuck zu designen, den er im Internet zu verkaufen versucht. Doch das Geld ist knapp und Jacob sagt: »Wenn mich Freunde fragen, weshalb meine Firma nicht größer sei, dann sage ich: ›Die Wirtschaftskrise hat mir alles geraubt. Ich musste wieder von vorn beginnen.‹« Eine Anstellung bei einer großen Firma fand er nicht und sucht auch nicht mehr danach. »Wenn du einmal im Gefängnis warst, stellt dich niemand mehr an, und wenn du deine Vergangenheit verschweigst, werden sie dir irgendwann auf die Schliche kommen und deine Karriere ist von einem Tag auf den andern beendet.« Wieder diese Brüchigkeit in der Stimme, und nicht nur dort, es ist, als ob etwas in ihm zerbrochen sei. Vielleicht die Hoffnung, jemals wieder frei zu sein, wirklich frei? Auch sein Fall dümpelt an den Gerichten dahin. Ein Richter des High Courts hat ihn wieder zurück ans Bezirksgericht verwiesen, seinen Pass hat Jacob nie zurückbekommen. Das Schlimmste aber seien die Lügen: »Ich führe heute ein Parallelleben, ein Leben voller Lügen, da ich niemandem erzählen kann, was ich fühle und wo ich war.« Wenn seine Freunde sagten: »Lass uns für ein Wochenende nach Bangkok fliegen!«, dann lehne er dankend ab und sage, er habe zu tun. All das nagt an ihm: »Ich sehne mich nach der

Unbeschwertheit, die ich einst besaß. Ich wünsche mir meinen Pass zurück, damit ich endlich ausreisen kann, damit ich endlich selbst über mein Leben bestimmen kann.«

Wir schlendern am Meer entlang, kaufen uns jeder eine Kokosnuss und saugen das süße Wasser durch einen Strohhalm aus der großen Frucht. Als sie leer getrunken ist, öffnet sie der Verkäufer mit einem gezielten Schlag seiner Machete, und wir löffeln das Fruchtfleisch bis auf den harten Boden aus. Am Abend setzen wir uns in ein kleines Fischrestaurant neben der historischen Synagoge der Stadt und essen in Bananenblätter eingewickelten Fisch. Es ist ganz einfach, die alte Vertrautheit wieder herzustellen. Wir erzählen uns Geschichten aus unserer gemeinsamen Zeit in Neu-Delhi. Wir lachen über Jacobs Schwips, den er nach einem einzigen Bier hatte, kurz nachdem er aus dem Gefängnis entlassen worden war. Er erkundigt sich nach Raja, dem hündischen Präsidenten und präsidialen Hund. Den Schmerz, die Verzweiflung darüber, dass sein Leben nie mehr so sein wird wie zuvor, dass Freunde sofort wieder Fremde werden, wenn sie von seiner Gefängnisvergangenheit erfahren, umschiffen wir wie eine steinige Insel, an der man nicht anlegen will. Denn trotz allem hat er jetzt wieder Boden unter den Füßen. Auf dem Festland muss man funktionieren, um zu überleben, da kann man nicht einfach sein, wie auf einer Insel. Meditieren würde er schon lange nicht mehr, sagt er und schaut aufs Meer. »Im Gefängnis war die Meditation für mich lebensnotwendig. Sie gab mir die Kraft und den Frieden, um nicht verrückt zu werden. Aber seit ich frei bin, versuche ich jede Minute zu nutzen, um Geld zu verdienen, voranzukommen, die Zeit wettzumachen, die ich verloren habe.« In allem, was er sagt, schwingt Melancholie. Doch stimmt das wirklich, was er sagt, dass auf dem Festland nur überleben kann, wer immer in Bewegung bleibt? Meditation ist nichts, was man tut, im Gegenteil, man hört auf, etwas zu tun. Man hört auf, sich mit Gedanken und Taten abzulenken und sich damit zu identifizieren. Man erlaubt sich stattdessen, eine Erfahrung zu machen, egal ob angenehm oder unangenehm, egal ob auf dem Festland oder auf einer Insel. Wirkliche Mediation ist also eigentlich nicht ein Sich-nach-innen-Richten, von der Welt abgewandt, sondern eine Art Öffnung zur Welt, der man seine gesamte Aufmerksamkeit widmet, wie ein Kind, das alles zum ersten Mal wahrnimmt. Und brauchen wir nicht gerade diese Offenheit und Aufmerksamkeit, um nicht bloß zu überleben, sondern zu leben, auf dem Festland, in der Welt?

## Neu-Delhi, 25. Dezember 2016 – Der korrupte Politiker und das Karma

An manchen Tagen wirkt die indische Realität wie ein Bühnenspiel einer schwarzen Komödie. Als ich heute die Zeitung *The Hindu* aufschlage, lese ich folgende Schlagzeile »Suresh Kalmadi, accused in CWG scam, appointed Life President of Indian Olympic Association«, den Artikel gebe ich hier in meiner Übersetzung wieder:

Chennai, 25. Dezember 2016

In einer unerwarteten Wendung, die zu einer großen Kontroverse führen könnte, hat das Nationale Olympische Komitee von Indien, IOA, den skandalumwitterten Suresh Kalmadi und Abhay Singh Chautala, den kontroversen Präsidenten des indischen Boxverbandes, zu lebenslangen Ehrenpräsidenten ernannt. (...) Sportminister Vijay Goel nannte den Entscheid »komplett inakzeptabel«, da beide Männer wegen schwerer Verbrechen und Korruption angeklagt sind.

Kalmadis Entlassung war also nicht ein Abgang durch die Hintertür aus der Zelle mit westlichem Klo, denke ich. Es war eher ein royaler Empfang durch ein Komitee von Speichelleckern oder zumindest jenen, die ihn geopfert hatten und danach etwas gutzumachen haben. Nun wurde das Bauernopfer also rehabilitiert. An solchen Tagen hoffe ich, dass das mit dem Karma und der Wiedergeburt, an die hier alle glauben, wirklich stimmt. Leute wie Kalmadi wären dann im nächsten Leben Kakerlaken. Würden sie in meiner Küche auftauchen, würde ich sie mit einem Schuh zerquetschen, im vollen Bewusstsein, dass das auch für mein Karma nicht gut wäre.

## Aschau, 28. Juni 2020 – Die Braut und die Kühe

Über die letzten Jahre habe ich Jacob nur noch sporadisch gehört und nie mehr gesehen, vor allem, seit ich im Frühling 2016 nach Bangkok umgezogen bin, ein Ort, der für ihn tabu ist. Noch immer hat er seinen Pass nicht zurückbekommen.

Seit Februar bin ich in Bayern, wo ich eigentlich nur kurz meinen Freund besuchen wollte. Er hatte seine Zelte in Deutschland abgebrochen, die Wohnung und Arbeit gekündigt und wollte zu mir nach Thailand ziehen. Dann machte uns die Pandemie einen Strich durch die Rechnung. Thailand schloss die Grenzen und wir beide kommen seither nicht mehr zurück und haben nun in Aschau, einem bayrischen Dorf, das oft im Schatten der Berge liegt, eine Ferienwohnung gemietet.

Heute piept auf einmal mein Handy. Ein Bild von Jacob mit folgender Nachricht ploppt auf: »Woah! Shit just got real! Jacob & Aksa trafen sich bei der Arbeit. Er war der Boss, sie war die süße Angestellte. Nach vielen langen Gesprächen über die Arbeit wurden sie Freunde. Nach zwei Jahren, als beide erkannten, dass sie perfekt füreinander sind, verwandelte sich die

Freundschaft in etwas Größeres. Sie machten sich auf eine Reise, die noch verrücktere Expeditionen verspricht als bisher. WIR HEIRATEN!« Jacob heiratet? Ich schaue mir das Datum an: 30. Juni 2020. Das ist übermorgen! Einen Moment lang bin ich gekränkt. Nicht bloß erfahre ich gerade mal zwei Tage vor der Hochzeit von diesem Großereignis, auch habe ich keine Ahnung, wer diese Aksa ist. Ihren Namen habe ich noch nie gehört. Einige gemeinsame Reisen enden dann eben doch, denke ich und rufe Jacob sofort an.

Liebst du sie, frage ich ihn. Und er: »Sie ist nicht die Hellste, ein Dorfmädchen eben, kommt aus einer armen Familie im Nachbardorf.« Das irritiert mich. Was lässt ihn so über seine zukünftige Frau sprechen? Ist es das, was ich das Rückkehrer- und Anpassungsphänomen nenne? Mehr als einmal habe ich bei indischen Männern, die jahrelang im Ausland lebten, gesehen, wie schnell sie sich wieder in Machos verwandelten, wenn sie in ihr Land zurückkehrten. Ehe wird für sie zum pragmatischen Entscheid, eine Frau zu finden, deren Hauptaufgabe darin besteht, sich um den Ehemann und später um dessen Eltern zu kümmern und natürlich um den Nachwuchs.

Aksa gehöre auch der Pfingstgemeinde an und gehe in dieselbe Kirche wie er und sein Vater, sagt Jacob, und Aksas Vater sei sogar Pastor. »Ich mache das für meinen Vater. Sie ist einundzwanzig Jahre jünger als ich und wird mir noch ein paar Kinder gebären. Zudem sind wir ein gutes Team.« Dann erzählt er mir, wie er Aksa vor zwei Jahren aus Mitleid angestellt habe. Wie sie ihn als Assistentin in seiner Marketingfirma unterstützt und vom Haus seines Vaters aus gearbeitet habe. So habe sie sich gleichzeitig um sein Geschäft und um seinen Vater kümmern können. Also doch reiner Pragmatismus, denke ich. Auch mit den Kühen, die er neuerdings angeschafft habe, helfe sie ihm, fährt Jacob fort. »Kühe?«, frage ich. »Ja, ich wollte schon immer einen Bauernhof. Ich träumte von Dänemark oder Kanada, das war, bevor ich hier eingesperrt wurde. Jetzt ist es eben Indien.« Sein Vater besitzt ein Stück Land, auf dem seine Familie früher Gummibäume gezüchtet hat. Jacob hat jetzt Avocado-, Papaya- und Rambutanbäume und auch Ananassträucher gepflanzt und Kühe und Ziegen gekauft. Die Idee mit dem Bauernhof kam ihm, als er seinen Onkel in Kerala besuchte. »Der ist steinreich und hatte vier Kühe in seinem Garten. Die waren fett und glänzten, und er sagte, das sei die beste Rasse der Welt.« Dass genau diese Rasse normalerweise niedrige Temperaturen braucht und bei 40 Grad eingeht wie Kokospalmen in der Schweiz, habe ihm der Onkel allerdings nicht gesagt. »Er schenkte mir die Kühe, und ich brachte sie auf das Land meines Vaters.« Als aus ihren Eutern nur diese lächerlich dünnen Milchstrahlen kamen, habe er gedacht, sie seien krank, und rief den Tierarzt. »›Sir, diese Kühe sind nicht gemacht, um Milch zu geben! Nicht gemacht für das heiße Klima in Kerala!‹, lachte der nur.« Jacob brachte die Kühe am nächsten Tag zum Schlachthof und kaufte mit dem Geld andere, solche aus der Gegend, die die Hitze gewohnt sind. Jetzt versuche er mit den Kühen Geld zu verdienen und mit Aksa ein neues Leben aufzubauen.

Sein Vater lache viel mehr, seit Aksa in der Nähe sei, und sie stimme wie ein kleines Mädchen in sein Lachen ein. Es war deshalb Jacobs Vater, nicht Jacob, der bei Aksas Eltern vorsprach. Er bat um die Hand ihrer Tochter für seinen Sohn. Jacob wusste davon nichts. Er war zu jener Zeit in eine Anwältin in Neu-Delhi verliebt, von der jedoch sein Vater keine Ahnung hatte. Zu jener Zeit habe er auch begonnen, Motivationstrainern wie Tony Robbins und anderen zu folgen. Einer sprach davon, dass er seine Assistentin geheiratet und diesen Entscheid nie bereut habe. Dieser Satz sei ihm nicht mehr aus dem Kopf gegangen, sagt Jacob. Diese Fernsehhelden scheinen ihre Wirkung nicht zu verfehlen, denke ich, sage aber nichts. Die Sache sei ganz einfach, sagt Jacob: »Ich bin nun über vierzig, kinderlos, immer noch ohne Pass. Deshalb willigte ich ein, als mir mein Vater vom Besuch bei Aksas Eltern erzählte.«

Aber es gab da ein Problem: Aksas Eltern wollten Jacob nicht. Mit seinen 46 Jahren sei er viel zu alt für ihre 25-jährige Tochter. Nun begann der Kuhhandel. Sein Sohn würde auch Aksas Studentenkredit übernehmen und gewisse finanzielle Verantwortung für ihre Geschwister, versuchte Jacobs Vater, der armen Familie die Ehe schmackhaft zu machen. Doch Aksas Eltern blieben bei ihrem Entscheid und luden täglich neue Anwärter ein, die um Aksa buhlten. Die junge Frau lehnte sie jedoch alle ab. Sie wollte Jacob. Die Sturheit ihrer Tochter habe die Eltern in den Wahnsinn getrieben, schließlich sei es nach indischem Maßstab höchste Zeit gewesen, Aksa zu verheiraten, sagt Jacob: »Die Mutter begann sie zu verprügeln, sodass sie mit blauen Flecken bei uns ankam. Auch die Geschwister machten mit, nur der Vater, der Pastor, sorgte sich um seine Tochter.« Das klingt nach Zermürbungskrieg. Doch Aksa gewann. Schließlich willigte die Familie in die Hochzeit mit Jacob ein. Die Tochter musste aus dem Haus, bevor sie Schande über die Familie bringen konnte. Er werde alles daransetzen, seine Angetraute glücklich zu machen, auch wenn er nie eine Inderin habe heiraten wollen, sagt Jacob und wiederholt noch einmal: »Ich tue es für meinen Vater. Der hat genug für mich geopfert. Jetzt braucht er jemanden, der sich um ihn kümmert.« Auch wenn mir dieses Heiratskonzept, obwohl ich viele Jahre in Indien gelebt hatte, fremd bleibt, verstehe ich es doch. In einem Land, in dem der Staat wie ein abwesender Vater ist, hat jeder nur die

Familie, auf die er zählen kann und in deren Schuld er steht. Vielleicht braucht es gerade da einen gewissen Pragmatismus.

## Bangkok, 15. Januar 2020 – Sieben Leben (oder neun)

Ein paar Monate nach meinem letzten Gespräch mit Jacob sitze ich in Bangkok in der Hotelquarantäne und frage mich, wie Jacobs Leben als verheirateter Mann ist. Ich rufe ihn an und er nimmt sofort ab.

»Hey Jacob! Wo erwische ich dich?«

»Ich bin auf dem Hof mit meinen 30 wunderbaren Kühen. Willst du sie sehen? Ich hab auch ein paar Ziegen. Lass mich zum Stall gehen und sie dir zeigen.«

Jacob stellt die WhatsApp-Verbindung auf Videogespräch um. Er trägt eine Brille, mit der er wie ein hipper Unternehmer aus Mumbai aussieht, nicht wie einer, der die letzten Jahre auf einem Bauernhof verbracht hat. Und doch, etwas hat sich verändert. Er wirkt etwas müder, etwas rauer. Im Bild sieht man nun einen offenen Stall, darin Kühe auf nacktem Betonboden stehen. Über ihre hervorstechenden Hüft- und Rippenknochen spannt sich die Haut, als würde sie gleich reißen. Jacob stellt sich vor eine der Kühe: »Das ist Darjeeling, die dort drüben mit dem weißen Fleck auf der Stirn ist Afrika, dort ist Australien ... die gesamte Welt vereint in meinem Stall – wenn ich schon nicht reisen kann!«

»Deine Kühe sehen aber ziemlich knochig aus.«

»Das sind indische Kühe, lokale, die sind knochig!« Nicht mehr als 15 Liter Milch pro Tag würden sie geben, aber: »Mann, können die scheißen! Ihre Scheiße ist das Wertvollste auf dem Hof, wertvoller als die Milch.« Daraus würden seine Boys, wie er seine Angestellten nennt, Dünger machen, und der sei so gut, dass ihm die Leute die Bude für das Zeugs einrennen würden. 120 Rupien pro Sack, fast zwei Dollar.

»Und was ist mit den Kühen? Sind die immer angebunden?«

Jacob schüttelt den Kopf: »Nicht immer. Ein- bis zweimal die Woche binde ich sie los, damit sie spazieren und sich an den Bäumen kratzen können. Meine Boys gehen mit und passen auf, dass sie niemandem den Garten zertrampeln.« Fünf junge Männer, alle aus Kolkata, arbeiten auf dem Hof. Sie sind es auch, die um vier Uhr aufstehen, um die Kühe zu melken und die Milch zu verteilen. Jacob macht Milchlieferdienst, sodass die Leute ihre Milch vor der Tür finden, wenn sie am Morgen aufstehen. »Anfangs habe ich Boys aus Kerala angestellt, aber die verschwinden so schnell, wie sie auf den Hof gekommen sind.« An Festtagen wie Holi oder Diwali würden sie zu ihren Familien fahren und einen Monat lang wegbleiben. Wer solle dann die Kühe melken? Mit den Boys aus Westbengalen passiere das nicht, die seien arm und brauchten das

Geld, auch wenn er ihnen nicht viel zahlen könne. »Ich habe ihnen versprochen, dass sie ein Smartphone kriegen, wenn sie ein Jahr hier bleiben. Jeder muss ein Ziel vor Augen haben.«

Jacobs Ziel scheint immer noch das Überleben, zumindest was die Finanzen betrifft. Der Hof ist ein Verlustgeschäft, ein gieriges schwarzes Loch. Vor Corona konnte er ihn mit den Einnahmen aus seinem Marketingbusiness subventionieren. Mit Onlinemarketing für Einkaufszentren und Webseiten verdiente er um die 4000 US-Dollar im Monat. Mit. Mit dem Gewinn kaufte er jeweils eine neue Kuh oder Ziege und bezahlte das Futter und die Angestellten. Aber das sei nun vorbei, seit dieses elende Coronavirus alle Geschäfte lahmgelegt habe. Von den zehn Marketingkunden ist ihm ein einziger geblieben. Das reicht nicht, um den Hof zu finanzieren.

Doch Jacob wäre nicht Jacob, wenn er nicht bereits eine nächste Idee, einen neuen Überlebensplan hätte. Er spricht davon, online einen Beratungsdienst für Bauern aufzuziehen, eine App, die einfach zu benutzen sein soll. So was hätte auch er brauchen können, sagt er: »Weißt du, als ich vor fast vier Jahren mit diesem Kuhgeschäft begann, hatte ich ja keine Ahnung von den Viechern. Ich wusste, die haben ein Euter mit vier Zitzen und die geben Milch, die sich verkaufen lässt. Ich setzte mich also hin und las alles, was man über Kühe wissen muss. Und jetzt rufen mich andere Bauern an und fragen mich: Wie geht das mit diesem Milchgeschäft? Und wie machst du den Dünger?« Es hat sich schnell herumgesprochen, dass er, ein Junge, der aus Kerala auszog, um in den Vereinigten Staaten von Amerika zu studieren, in seine Heimat zurückgekehrt ist, um einen Bauernhof zu führen. Das imponiert allen, und alle glauben, dass sein Bauernhof etwas Besonderes sei, denn warum sonst würde einer aus dem Paradies nach Kerala zurückkehren? Mit der App werde er seine eigene Marke aufbauen: Der Rückkehrer und seine Kühe!

Niemand hier weiß, dass er im Gefängnis war und Indien nicht verlassen darf. Auch seine Frau Aksa kennt dieses Kapitel seines Lebens noch immer nicht. Er schütze sie damit vor ihren eigenen Leuten, rechtfertigt er sein Schweigen: »Erzkonservativ sind hier alle. Ich will ihr die Kopfschmerzen ersparen. Sie würde es ihren Eltern beichten müssen, und die würden sagen: ›Siehst du, haben wir's doch gewusst! Eine Liebesheirat, das ist nichts für Leute wie uns, wir hätten dir einen guten Ehemann gefunden, nicht so einen ...!‹«

Was seinen Fall betrifft: Kein Ende in Sicht. 2012 kam er aus dem Gefängnis und bis heute hat sich nichts verändert. Jeden zweiten Monat fliegt er nach Neu-Delhi zur Anhörung. Davon weiß Aksa, aber sie weiß nicht, worum es bei den Gerichtsterminen geht. Jedes Mal hört ihn der Richter eine Viertelstunde lang an und gibt ihm dann einen neuen Termin. Oft ist er gar nicht da, die ganze Reise vergebens. Auch das hat sich nicht verändert. Einen weiteren Bestechungsversuch, um seinen Fall abzuschließen, hat Jacob nicht unternommen. »Zu riskant«, sagt er, da die Richter zu oft wechseln würden. Dann wäre das Geld einfach verloren, verschwunden im gierigen Schlund der korrupten Justiz. Nur einen Weg gäbe es, alles sofort zu beenden: Wenn sich Jacob in die USA ausliefern lassen würde. »Aber jetzt ist es dafür zu spät, jetzt bin ich verheiratet mit einer Frau, die nicht weiß, wie sehr meine Vergangenheit meine Gegenwart bestimmt und meine Zukunft bedroht.« Zudem ist sein Vater fast 80 Jahre alt und brauche ihn. »Ich bin jetzt ganz in Indien, ganz in Kerala angekommen«, sagt Jacob, und ich bin nicht sicher, wie sehr er das wirklich glaubt.

Das Gefängnis jedoch, das einzige Thema, das ihn nach seiner Entlassung beschäftigte, scheint in weite Ferne gerückt zu sein. Nur noch mit seinem Freund Vikas, dem Mörder, hält er regelmäßigen Kontakt und besucht ihn jedes Mal im Gefängnis, wenn er in Neu-Delhi ist. »Vikas hat im Gefängnis sein Essen mit mir geteilt. Das werde ich ihm nie vergessen«, sagt Jacob. Alle anderen seiner Gefängnisbekanntschaften seien inzwischen entlassen worden, genauso wie Tausende von Gefangenen, die während der Coronapandemie freikamen, weil die Gefängnisverwaltung Schiss hatte, dass sich das Virus in Windeseile im übervölkerten Gefängnis ausbreiten könnte. Der behinderte Sonu, den Jacob wegen dessen Waffenkaufs einst gefeuert hatte, habe die Kurve gekriegt, arbeite jetzt in einer Anwaltsfirma und wolle selbst Anwalt werden. Radha, der Buchhalter, der seine Frau umgebracht und die Mordszene in Jacobs Zelle nachgespielt hatte, sei ebenfalls draußen. Sein Sohn und einziger Zeuge sei bei einem Autounfall ums Leben gekommen. Radhas Fall wurde wieder aufgerollt, und er wurde freigesprochen. »Er lebt in Neu-Delhi und ich habe einmal mit ihm telefoniert. Er klang wirr und litt an Verfolgungswahn. Ich habe eine Notiz in meinem Online-Kalender ›Radha besuchen!‹ Jeden Monat werde ich wieder daran erinnert, aber besucht habe ich ihn nie«, sagt Jacob.

Dann erscheint ein Mann neben Jacob im Video: ein rundes Gesicht mit ein paar wenigen Bartstoppeln, kurze, kräftige Beine, die in einem orangefarbenen Lungi stecken. Er hat sich ein rotes Tuch wie ein Stirnband um den Kopf geschlungen und winkt nun fröhlich in die Handykamera. Schließlich wendet er sich mit einigen Fragen an Jacob. Der erteilt ihm ein paar schnelle Anweisungen. Der Mann verschwindet wieder aus dem Bild und Jacob erklärt: »Das ist Sandeep.

Er sagt, zwei Kühe seien brünstig. Ich habe ihn angewiesen, sofort den Tierarzt zu rufen, um sie besamen zu lassen.« Seltsam sei das, jederzeit wisse er von jeder Kuh, ob sie brünstig oder schwanger sei – nur von seiner Frau wisse er nichts. Nächste Woche kaufe er ihr einen Schwangerschaftstest. Wer weiß, vielleicht sei ja Nachwuchs unterwegs.

»Wie läuft es denn mit Aksa?«, frage ich. Jacobs Antwort klingt ausweichend: »Wir sind ziemlich unterschiedlich, aber irgendwie tut sie mir auch gut. Wenn ich wütend werde, bleibt sie ruhig. Es ist nur … Sie weiß so überhaupt gar nichts.« Nicht einmal Filme wie *Forrest Gump* oder *Star Trek* kenne sie, auch keine Weltstars wie Muhammad Ali oder Elvis Presley, geschweige denn irgendein anderes Essen als die scharfen indischen Currys, die sie ihm zubereite. Vor ein paar Tagen hätten sie in der Küche gestanden und mithilfe eines Youtube-Videos Lasagne gekocht. »Ich muss ihr alles beibringen, nur die Namen der Kühe kannte sie bereits nach zwei Tagen«, sagt Jacob. Aber nein, er bereue es nicht, Aksa geheiratet zu haben. »Vor ein paar Tagen, als ich eine Woche auf dem Hof war und sie mit meinem Vater alleine ließ, fragte sie mich, als ich zurückkehrte: ›Hast du mich eigentlich nur wegen deines Vaters geheiratet?‹ Ich lachte und sagte Ja.« Natürlich sei das ein Witz gewesen. Ein Witz, der ein kleines Körnchen Wahrheit enthielt.

»Wir denken anders über die Liebe, über Beziehungen. Sie denkt, zuerst heirate man und dann warte man, bis die Liebe wächst. Man liebe eine Person im Leben und in ihrem Fall bin das ich.« Er denke das nicht mehr. Zu viel habe er bereits gesehen, auch zu viele Frauen. Mit seiner Ex-Freundin Erin, die zu ihm nach Dubai gezogen war, telefoniere er einmal im Jahr. Sie sei jetzt verheiratet und habe Kinder. Jeden Tag poste sie neue Kinderfotos auf Facebook: Die Kinder im Ballett, beim Schwimmen, im Garten. Da denke er manchmal: »Das hätte mein Leben sein können. Aber ehrlich: Ich mag Aksa. Solange Indien mein Gefängnis ist und wir in Kerala bleiben, wird alles gutgehen.«

Und irgendwie sei er auch dankbar. Dankbar für dieses Leben und dass er trotz allem nicht bitter geworden sei. Das Gefängnis habe ihn gelehrt, dass es keinen Sinn habe, sich über die Vergangenheit zu ärgern oder sich um die Zukunft zu sorgen. Ab und zu meditiere er wieder oder lege sich einfach hin, schließe die Augen und gleite in eine andere Welt, eine friedliche Welt voller wunderbarer Tiere und Köstlichkeiten. Wenn er wieder aufwache, klebe ihm das T-Shirt vor Hitze am Körper, dann sage er sich: »Ich hatte immer wieder die Wahl, mich für den einen oder anderen Weg zu entscheiden. Und ich habe mich entschieden. Mein Leben von heute ist die Folge meiner Entscheidungen von früher.«

Immer noch ist Jacob ein Gefangener. Nicht die Mauern von Tihar beschränken nun sein Leben, sondern die Grenzzäune Indiens. Wenn er sich dessen bewusst werde, denke er an Forrest Gump und an die Worte von dessen Mutter: »Das Leben ist wie eine Schachtel Pralinen. Du weißt nie, was du kriegen wirst.« Er habe 30 Kühe und eine Frau gekriegt, die noch nie etwas von *Forrest Gump* gehört habe, aber jede einzelne Kuh beim Namen kenne. »Das ist doch etwas, oder nicht?«, fragt er, und nichts in seiner Stimme klingt nach Ironie oder Bitterkeit.

Stimmt, denke ich, aber es stimmt nicht, dass nur Katzen mehrere Leben haben. Wir Menschen haben auch mindestens sieben Leben, vielleicht auch neun. Leute wie Jacob haben wahrscheinlich noch einige mehr, weil sie im freien Fall nicht einfrieren, sondern sich drehen, auf die Füße fallen und dann einfach wieder von vorne beginnen.

# Epilog

Am 20. Oktober 2021 kommt Adon in Kerala zur Welt. Jacob schickt noch am Tag der Geburt ein Bild. Auf dem Foto ist ein winziges Baby mit einer pinken Mütze und den dunklen, neugierigen Augen seines Vaters zu sehen. Für Jacob beginnt mit der Geburt seines Sohnes ein weiteres Leben, der Beginn eines neuen Abenteuers. Wenn die Coronapandemie endlich vorbei ist und ich wieder reisen kann, werde ich Jacob und seine Familie in Indien besuchen, nehme ich mir vor und denke: Was für ein unfassbarer Zufall, dass aus unserer Begegnung im Gefängnis eine Geschichte geworden und dann eine Freundschaft gewachsen ist. Aber wahrscheinlich ist »Zufall« das falsche Wort. Wahrscheinlich ist das Leben genau das: sich begegnen, aufeinander einlassen, voneinander lassen, wieder zueinander finden, füreinander da sein. Immer wieder von vorne beginnen. Und aushalten, dass manche Geschichten unabgeschlossen und offen bleiben, wie die von Jacob. Wie das Leben.

KARIN WENGER, 1979 in Zürich geboren, ist Korrespondentin und Weltenreisende. Ihre journalistische Karriere begann sie im Nahen Osten. Seit 2009 lebt und arbeitet sie als Korrespondentin für das Schweizer Radio SRF in Süd- und Südostasien.

FOTOGRAFIEN: Alle verwendeten Fotos stammen von Jacob bzw. Karin Wenger.

Der vorliegende Band der Reihe punctum erscheint
in Kooperation mit dem Magazin *Reportagen* | *reportagen.com*

Erste Auflage Berlin 2022

MSB Matthes & Seitz Berlin Verlagsgesellschaft mbH
Göhrener Straße 7, 10437 Berlin
info@matthes-seitz-berlin.de



UMSCHLAG UND SATZ: Michael Rosenlehner, Berlin,
nach einem Entwurf von Pauline Altmann
DRUCK UND BINDUNG: Beltz Grafische Betriebe, Bad Langensalza
ISBN 978-3-7518-0800-2

www.matthes-seitz-berlin.de

**Reihe *punctum* bei Matthes & Seitz Berlin**

Emmanuel Carrère
Julies Leben

An einem kalten Februarmorgen 1993 sieht die Fotojournalistin Darcy Padilla eine Achtzehnjährige mit einem Neugeborenen im Arm in der Lobby des Ambassador-Hotels in San Francisco stehen – barfuß. Sie bittet sie, ein Foto von ihr machen zu dürfen. Sie wird Julie die nächsten achtzehn Jahre bis zu deren Aids-Tod im Jahr 2010 als Chronistin ihres Lebens und Freundin fotografisch begleiten. Als Emmanuel Carrère die Fotos zum ersten Mal sieht, beschließt er, sich auf die Spuren der beiden Frauen zu begeben, und reist in die USA. Als Meister der dokumentarischen Erzählung beschreibt er Julies Lebensweg und die Freundschaft der beiden ungleichen Frauen: Abhängigkeiten, familiäre Katastrophen, Beziehungen, Geburten und Abschiede, viele tragische und wenige heitere Momente in einem Milieu, aus dem es kein Entrinnen zu geben scheint. Denn Julie ist ein Fall von Tausenden: Padillas Bilder und Carrères Text werfen die Frage nach der sozialen Bedingtheit eines Schicksals auf, nach dem Gebot der Anteilnahme angesichts von Lebenswegen, die aussichtslos erscheinen.

59 Seiten, mit zahlreichen farbigen Abbildungen

ISBN 978-3-95757-885-3

**Reihe *punctum* bei Matthes & Seitz Berlin**

## Christina Wessely
## Löwenbaby

Löwenbabys sind süß und flauschig und zugleich Symbol für Potenz und Überlegenheit. Bis in die 1980er gaben sie zusammen mit Fototapete und Baumstamm ein beliebtes Motiv ab für Souvenirs aus den heimischen Safariparks. Heutzutage erscheinen uns diese Bilder höchst befremdlich. Bei der Räumung der großelterlichen Wohnung stößt Christina Wessely auf eine mehr als dreißig Jahre alte Fotografie, die sie mit ihrem Vater und einem jungen Löwen im Safaripark Gänserndorf bei Wien zeigt – sie beginnt zu recherchieren und fördert Erstaunliches zutage. Diese kleine Kulturgeschichte der Löwenbabyfotografie ist das Porträt eines pervertierten Nischengeschäfts und zugleich eine Analyse des sich wandelnden Verhältnisses zwischen Mensch und Tier.

90 Seiten, mit zahlreichen farbigen Abbildungen

ISBN 978-3-95757-716-0

**Reihe *punctum* bei Matthes & Seitz Berlin**

## Fabian Saul
## Boulevard Ring

Der Boulevard Ring ist der innerste Ring Moskaus, entstanden aus der abgetragenen Befestigungsmauer der Weißen Stadt, dem ältesten Teil der russischen Hauptstadt. Fabian Saul umrundet diesen ersten Ring immer und immer wieder. Sein passagenhafter Essay – zwischen 2016 und 2018 entstanden – spiegelt die Verwerfungen in der Wahrnehmung des Stadtraums. Saul trägt Fragment über Fragment zusammen, um das Bild einer Stadt entstehen zu lassen, in der sich Vergangenheit und Zukunft treffen. Der Leser schreitet den Ring mit dem Text ab und entdeckt das Raumgefüge einer Stadt, in der alle Wege in die Irre führen.

103 Seiten, mit zahlreichen farbigen Abbildungen

ISBN 978-3-95757-632-3

**Reihe *punctum* bei Matthes & Seitz Berlin**

## Linda Tutmann
## African Dream

Neun Monate lässt sich Linda Tutmann durch die unterschiedlichsten Viertel Kapstadts treiben. Die Migranten aus dem Kongo, Simbabwe und Kenia träumen in der Dudley Road von einer Rückkehr in ihre Heimat, während in der City Bowl die dünne Schwarze Mittelschicht Karriere macht. An den Stränden für Hunde, Hipster und Gays organisiert sich ein Flashmob der Schwarzen zum Protest, während die Style Direktorin der afrikanischen *Glamour* in der Bar La Perla ihren Abend gemeinsam mit Eskapisten der Oberschicht mit Champagner beschließt, bevor diese sich wieder hinter Mauern und elektronischen Zäunen verschanzen. In der Corner Bar bekämpfen derweil die weißen Apartheidsverlierer beim Castle-Lager-Bier ihre Angst vor dem Aufstieg ihrer Schwarzen Nachbarn und schwelgen in Erinnerungen an eine einst goldene Zeit. Tutmann fängt Lebensgeschichten und Haltungen, Orte und politische Ereignisse ein, die wie die Splitter eines Kaleidoskops die vielen Schattierungen der südafrikanischen Gesellschaft, ehemals Hoffnungsträgerin des gesamten afrikanischen Kontinents, ausmachen.

120 Seiten, mit zahlreichen farbigen Abbildungen

ISBN 978-3-95757-717-7